Geraubte Erinneru

Europäische Hochschulschriften

European University Studies

Publications Universitaires Européennes

Reihe XXIV	**Ibero-romanische Sprachen und Literaturen**
Series XXIV	Ibero-Romance Languages and Literature
Série XXIV	Langues et littératures ibéro-romanes

Band/Volume **92**

Lela Weigt

Geraubte Erinnerungen

Die Ästhetik von Identität und *memoria* in
Félix Bruzzones *Los topos*

PETER LANG
EDITION

Bibliografische Information der Deutschen Nationalbibliothek
Die Deutsche Nationalbibliothek verzeichnet diese Publikation in der
Deutschen Nationalbibliografie; detaillierte bibliografische Daten sind im
Internet über http://dnb.d-nb.de abrufbar.

Gedruckt auf alterungsbeständigem,
säurefreiem Papier.

ISSN 0721-3565
ISBN 978-3-631-65535-1 (Print)
E-ISBN 978-3-653-04989-3 (E-Book)
DOI 10.3726/978-3-653-04989-3

© Peter Lang GmbH
Internationaler Verlag der Wissenschaften
Frankfurt am Main 2014
Alle Rechte vorbehalten.
PL Academic Research ist ein Imprint der Peter Lang GmbH.
Peter Lang – Frankfurt am Main · Bern · Bruxelles · New York · Oxford · Warszawa ·
Wien

www.peterlang.com

Inhaltsverzeichnis

1. Einleitung

[...] il passato è sempre nuovo: Como la vita procede esso si muta perché risalgono a galla delle parti che parevano sprofondate nell'oblio mentre altre scompaiono perché oramai poco importanti. Il presente dirige il passato come un direttore d'orchestra i suoi suonatori. Gli occorrono questi o quei suoni, non altri. E perciò il passato sembra ora tanto lungo ed ora tanto breve. Risuona o ammutolisce. Nel presente riverbera solo quella parte che è richiamata per illuminarlo o per offuscarlo. Poi si ricorderà con intensità piuttosto il ricordo dolce e il rimpianto che il nuovo avvenimento.[1]

Erinnerung und Identität verbindet eine tiefgreifende Interdependenz. Die individuelle sowie die kollektive Erinnerung sind die Voraussetzungen für die Herausbildung der Identität. Denn erst durch das Erinnern an vergangene Erlebnisse kann sich ein Bewusstsein über die Kontinuität und die Einheit des vergangenen und gegenwärtigen Ichs einstellen. Erst in dieser zeitlichen Dimension vermag sich Identität zu konstituieren. Dabei prägt unsere Identität vor allem die Art und Weise, *wie* wir uns erinnern: Gedächtnisinhalte sind keine reinen Wissensträger, sondern werden durch individualpsychologische und soziokulturelle Prozesse konstruiert, verändert, destabilisiert und gegebenenfalls dekonstruiert.

Die Literatur kann aus diesem Themenkomplex schöpfen und in ästhetischen Verfahren neue Darstellungsmodi von Erinnerung und Identität liefern. Da der Prozess der Erinnerung nach selektiven Mustern verläuft, gibt die Darstellung von Erinnerung oft mehr Auskunft über die Gegenwart des sich Erinnernden als über die eigentlichen Erlebnisse in der Vergangenheit. Tatsächlich kann die Literatur nicht nur aus der Erinnerung neue fiktive Werke erschaffen, sondern auch auf die außertextuelle Wirklichkeit zurückwirken. Literatur ist demnach maßgeblich an der Reflexion über Erinnerung beteiligt und kann Versionen der Vergangenheit und Selbstbilder mitgestalten. Das zeigt nicht zuletzt, dass Schreiben eine kultur- und identitätsstiftende Funktion hat.

---

1 SVEVO, Italo: *La Morte*, 1968.

Der vorliegenden Arbeit liegt die Frage zugrunde, mit welchen literarischen Verfahren der argentinische Autor Félix Bruzzone in seinem Roman *Los topos*[2] den Prozess des Erinnerns und die damit verknüpfte Konstruktion der individuellen Identität des Protagonisten inszeniert. Dieser Thematik übergeordnet lautet die Frage, in welcher Form Literatur überhaupt am gesellschaftlichen Gedächtnisdiskurs teilnimmt und welche Rolle *Los topos* darin spielen kann.

Um die aufgeworfenen Fragen beantworten zu können, ist es wichtig, auch Bruzzones Biographie im Kontext der jüngeren Geschichte seines Landes zu beleuchten. Der Autor steht als *hijo de desaparecidos*, Kind von Verschwundenen der Militärdiktatur, sowohl exemplarisch für die argentinische Geschichte als auch für die literarische Auseinandersetzung mit ihr. Der Held seiner Geschichten ist stets auf der Suche nach einer Wahrheit, die ihm letztlich versagt bleibt. Der Protagonist von *Los topos* ist ebenfalls ein *hijo de desaparecidos*, der auf der Suche nach seinem verschwunden geglaubten Bruder ist und ihn im Transvestiten Maira zu finden glaubt. Tatsächlich dreht sich seine Suche vor allem um die eigene Identität, deren Ursprung in der Vergangenheit verwurzelt ist. Bruzzone setzt in seinem konspirativ-parodistischen Roman mit ausgesprochener Knappheit und Beiläufigkeit Reminiszenzen aus diktatorischen Zeiten in Szene.

Um seine Inszenierung vom *Gedächtnis in der Literatur* zu untersuchen, wird zunächst ein vertiefter Einblick in die Theorien von Erinnerung und Identität gewährt. Hier wird vor allem auf die individualpsychologischen Studien zur Identität eingegangen, da ich mich in der nachfolgenden Analyse mit der konstruierten Identität des Protagonisten beschäftigen werde. Ansätze zur kollektiven Identität werden daher nur ansatzweise erläutert.

Daraufhin werden die Entwicklungen der kulturwissenschaftlichen Gedächtnisforschung und die maßgeblichen literaturwissenschaftlichen Konzepte der Gegenwart vorgestellt. In diesem Rahmen wird auch

---

2 BRUZZONE, Félix: *Los topos*. Buenos Aires: Mondadori, 2008.

das stufenartige Konzept der dreifachen *mimēsis* nach Paul Ricœur in seinen Grundzügen erläutert, das für die vorliegende Arbeit als maßgebende Denkfigur dient. Nach Ricœur entsteht Literatur im Kontext von Kulturen, in denen bereits Versionen von Erinnerung und Identität herrschen (*Präfiguration*). Auf der zweiten Stufe kann Literatur diese Gedächtnisinhalte und Selbstbilder anhand von ästhetischen Verfahren in Fiktion formen und ein mimetisches Verhältnis von Erinnerungsprozessen darstellen (*Konfiguration*). Schließlich können beachtete literarische Inszenierungen auf die Wirklichkeit außerhalb des Textes zurückwirken und so neue Versionen der Vergangenheit beeinflussen (*Refiguration*).[3]

Für die Frage nach der literarischen Inszenierung ist vor allem die Schnittstelle zwischen *Präfiguration* und *Konfiguration* aufschlussreich und wird für die anschließende Untersuchung der Motive hilfreich sein. Dabei werden, wo es nötig erscheint, auch psychoanalytische Studien konsultiert. In der darauf folgenden Textanalyse sollen die literarischen Verfahren und narrativen Formen Aufschluss über Bruzzones Ästhetik der Konstruktion von Identität und Erinnerung liefern. Dies kann sich zum Beispiel in einer betonten „Erinnerungshaftigkeit"[4] des Protagonisten äußern oder in der Perspektive, aus der erzählt wird.

Da Félix Bruzzone zu den zeitgenössischen Autoren der *nueva narrativa argentina* gehört, liegt noch keine größere Sammlung an unmittelbarer Sekundärliteratur zu seinem Werk vor. Daher erscheint es mir aufschlussreich, mit Artikeln, Essays, Blogs oder Videointerviews zu arbeiten, um neue Entwicklungen in ihrer Entstehung nachvollziehen und kommentieren zu können. Darüber hinaus hat sich mir die Möglichkeit eröffnet, diesen zeitgenössischen Autor direkt zu seinem Werk zu befragen, wie es schließlich das von mir per Email geführte Interview im

---

3 RICŒUR, 2007, Bd. I.
4 BASSELER/BIRKE, 2005. S. 127f.

Anhang darstellt. Dieses Material dient dazu, textexmanente Faktoren, wie die gesellschaftlichen Reaktionen und Rückwirkungen des Romans, sowie die Positionierung des Autors innerhalb der argentinischen Gedächtnisdebatte zusätzlich in die Textanalyse einzubringen.

2. Erinnerung und Identität

Das Verhältnis zwischen Erinnerung und Identität hat eine lange Geschichte. Ihre wechselhafte Beziehung ist heute Untersuchungsgegenstand der unterschiedlichsten Disziplinen, die wiederum verschiedene Herangehensweisen für die Identitätsthematik wählen. Es wird zunächst ein Einblick in die maßgebenden kognitionspsychologischen Theorien zur individuellen Identität gewährt. Daraufhin soll die narrative Identität als Produkt des autobiographischen Erinnerns und Erzählens dargestellt werden.

2.1 Identitätstheorien

> Personal identity [...] is a thinking intelligent being, that has reason and reflection, and can consider itself as itself, the same thinking thing, in different times and places; which it does only by that consciousness which is inseparable from thinking, and, as it seems to me, essential to it: it being impossible for any one to perceive without perceiving that he does perceive.[5]

John Lockes Definition bricht mit einer Vorstellung von Identität, die sich rein genealogisch herleitet. Identitätsbildung richtet sich in der Aufklärung nicht mehr länger nach Familiengeschichte, Tradition oder Dynastie aus, sondern hängt fortan von der eigenen Lebensspanne ab. Damit setzt sich eine neuartige Verbindung des Verständnisses von Erinnerung und Identität durch: Sich identifizieren kann nur der Mensch, der sich erinnert und sich damit über die Kontinuität seines Ichs durch Zeit und Raum bewusst ist. Nicht zuletzt kann Identität durch Erinnerungen auch verändert oder destabilisiert werden und besteht doch weiterhin fort. Die Annahme, dass sich sowohl individuelle als auch kollektive Identität aus einer diachronen Dimension speisen,

---

5 LOCKE, John: *An Essay Concerning Humane Understanding*. Book II. Oxford: Oxford University Press, 1979. S. 335.

11

ist über die Jahrhunderte zum Fundament der ausschlaggebenden Identitätstheorien geworden. Heute gehören Lockes Ideen zu den Grundlagen der europäischen Geistesgeschichte.

Im ausgehenden 19. Jahrhundert wird das menschliche Denken und somit auch die Interdependenz von Erinnerung und Identität nicht mehr nur im philosophischen, sondern auch im psychologischen Kontext diskutiert.[6] Durch Sigmund Freuds Psychoanalyse werden die unbewussten Mechanismen der Erinnerungsarbeit aufgedeckt. Dem Glauben, dass das Gedächtnis lediglich der Speicher von Fakten ist, wird die These entgegengesetzt, dass nicht nur die Erfahrung selbst, sondern deren psychologische Verarbeitung relevant für die spätere Erinnerung daran ist. Das soll heißen, dass die erlebte Realität in der Erinnerung nicht einfach abgebildet wird, sondern die Psyche gemäß bestehender Wertevorstellungen sowie Identitätsbedürfnissen nachträgliche Korrekturarbeit leistet.[7] Diese Entdeckung ist elementar für Freuds Entstehungstheorie der Nachträglichkeit, wonach Erfahrungen in den aufeinander folgenden sexuellen und kognitiven Entwicklungsstufen unterschiedliche Erinnerungen hinterlassen.[8] Laut Freuds Traumatheorie können Erinnerungen, welche die Bewältigungsmöglichkeiten der Psyche überfordern, weder sinnstiftend aufbereitet noch an bestehende Erinnerungen angeschlossen werden. Daher wird die traumatische Erfahrung verdrängt und es wird auf frühere Abwehrmechanismen – die zwanghafte Wiederholung des traumatischen Erlebnisses – zurückgegriffen. Weil das Trauma destabilisierend auf die Erinnerungskontinuität wirkt, kann es zu einer Identitätskrise

---

6   NEUMANN, Birgit: Literatur, Erinnerung, Identität. In: Gedächtniskonzepte der Literaturwissenschaft. Theoretische Grundlegung und Anwendungsperspektiven. Hg. Astrid Erll/Ansgar Nünning. Berlin: Walter de Gruyter, 2005. S. 152.

7   Vgl. FREUD, Sigmund/BREUER, Josef: *Studien über Hysterie*. 4. Aufl. Frankfurt: Fischer, 2000. S. 33.

8   Vgl. FREUD, Sigmund: *Entwurf einer Psychologie*. In: *Gesammelte Werke*. Nachtragsband 1885–1938. Frankfurt: Fischer, 1987. S. 444.

kommen.[9] Mit Freuds Erkenntnissen ist der Grundstein für die psychologische Gedächtnisforschung gesetzt.

Als Gegenpart zur Psychoanalyse prägt auch der Behaviorismus die erste Hälfte des 20. Jahrhunderts, der die Identität als eine „vom funktionierenden Normalverhalten gefüllte Black Box"[10] begreift. Das Gedächtnis wird demnach allein von den Reaktionen auf ihr Verhalten geformt und es wird der Versuch angestrengt, die Leistung des Gedächtnisses zu messen. In den 1960er und 1970er Jahren leitet Ulric Neissers Studie *Kognitive Psychologie* (1967) schließlich die „Kognitive Wende" ein und löst den vorherrschenden Behaviorismus immer mehr ab. Die Kognitive Psychologie knüpft an die von Bartlett (*Remembering*) bereits 1932 entwickelte Idee der Rekonstruktivität des Gedächtnisses an, die besagt, dass das Gedächtnis konstruktiv und in kulturellen Schemata arbeitet.[11] Man geht daher davon aus, dass Erinnerungen im Gehirn nicht wieder reanimiert, sondern überhaupt erst konstruiert werden. Damit ist zwar die „Faktizität" einer Erinnerung unter Umständen anzuzweifeln, jedoch ist die konstruierte Wahrheit eine elementare Voraussetzung, um Vergangenes identitätsstiftend zu integrieren.[12]

Der Psychologe Endel Tulving setzt vor allem den Prozess des autobiographischen Erinnerns ins Zentrum seiner Forschung. Er nimmt an, dass sich die Identität des Menschen in einem Raum-Zeit-Kontinuum situiert. Durch eine „mentale Zeitreise"[13] zum früheren Selbst kann eine Kontinuität der eigenen Existenz nachvollzogen

---

9   Vgl. FREUD, Sigmund: *Jenseits des Lustprinzips*. In *Gesammelte Werke*. 9. Aufl. Bd. 13. London: Imago, 1987. S. 16–18.

10 CALLO, Christian: Modelle des Erziehungsbegriffs: Einführung in pädagogisches Denken. München: Oldenburg, 2002. S. 114.

11 Vgl. BARTLETT, Frederic: *Remembering*. Cambridge: University Press, 1932. S. 312.

12 Vgl. NEUMANN, 2005. S. 150.

13 TULVING, Endel: „Episodic vs. Semantic Memory". In: *The MIT Encyclopaedia of the Cognitive Sciences*. Hg. Robert A. Wilson, Frank C. Keil. Cambridge: MIT Press, 1999. S. 278.

werden. Tulving unterscheidet dabei zwischen dem *episodischen* Gedächtnis, das in raumzeitlicher Dimension und mit Bezug auf das Selbst Erinnerung abspeichert, und dem *semantischen* Gedächtnis, das unabhängig von Raum und Zeit und ohne Bezug zu Personen oder zum Selbst kategorisches Weltwissen abspeichert. Heute herrscht weitestgehend Konsens darüber, dass das autobiographische Gedächtnis Erinnerungen des semantischen und episodischen Gedächtnisses in eine dynamische Interaktion zueinander setzt und damit über einen elementaren Einfluss auf die Identitätsbildung verfügt.[14] Daher rückt die aktuelle Forschung auch den dynamischen Prozess des Gedächtnisses in den Fokus: Demnach werden Erinnerungen durch deren Abruf geradezu kreiert.[15] Erinnerungen haben nicht nur einen Bezug zur Vergangenheit, sondern werden vor allem in den gegenwärtigen biographischen Kontext eingefügt. Dementsprechend muss das autobiographische Gedächtnis neben dem Abrufen von Gedächtnisinhalten die Erinnerungen auch auswählen, reinterpretieren und neu verknüpfen, sodass sich das Selbst mit seiner Vergangenheit als eine Einheit versteht.[16]

In Bezug zur konstruktiven Auslegung des Gedächtnisses und als Kritik zur klassischen Erkenntnislehre lässt sich in den 1980er Jahren eine ‚narrative Wende‘ beobachten.[17] Diese bewegt sich im Grenzbereich von Geisteswissenschaft und Psychologie und untersucht das autobiographische Gedächtnis nach narrativen Elementen. Damit sucht sie Antworten auf die Frage, wie Erinnerungen psychologisch repräsentiert werden.

---

14 NEUMANN, 2005. S. 153.

15 Vgl. WELZER, Harald: Das kommunikative Gedächtnis. Eine Theorie der Erinnerung. München: Beck, 2002.

16 A.a.O. S. 219.

17 Zum Beispiel Paul Ricoeur (1984), Jerome S. Bruner (1986) und Donald Polkinghorne (1988) sorgten mit ihren Schriften dafür, dass sich das Erzählen auch fachübergreifend zu einem Forschungsparadigma entwickelte.

2.2 Narrative Identität

Auf die Frage ‚wer?‘ antworten, heißt [...], die Geschichte eines Lebens erzählen.[18]

Ein elementarer Bereich der Identität, die diachrone Dimension, speist sich nach Ricœur aus der Selbsterzählung. Denn die Verknüpfung zeitlich unterschiedlicher Ereignisse kann eine Kontinuität des Subjekts herstellen. Im Forschungsfeld der narrativen Psychologie setzt man sich verstärkt mit der Bedeutung des autobiographischen Gedächtnisses und der autobiographischen Narration auseinander. Die Grundannahme ist, dass Narration nicht nur eine Rolle im ästhetischen oder interaktiven Bereich einnimmt, sondern auch einen maßgeblichen Faktor bei der Identitätsbildung darstellt. „Identitätsarbeit [...] ist daher auch stets Narrationsarbeit.“[19]

Narrative Strukturen sind vor allem dafür zuständig, Ereignisse zeitlich und kohärent in Verbindung zueinander zu setzen. Das heißt, dass Ereignisse auf einer zeitlichen Achse verortet werden.[20] Da die Zeit das Einzelne und das Ganze in Bezug zueinander setzt, ist sie eine Grundvoraussetzung für den Prozess des Verstehens.[21] Erzählungen versuchen dabei Ereignisse, die ursprünglich nichts miteinander zu tun hatten, in einer logischen Kette miteinander zu verbinden und Erfahrungen auf eine Weise zu interpretieren, die die Gegenwart nachvollziehbar und die Zukunft vorhersehbar wirken lässt:[22] „The way you remember an event depends on your purposes and goals at the time that you attempt to recall it.“[23] Allein durch die narrative Einordnung wird ein Ereignis

---

18 RICŒUR, Paul: *Zeit und Erzählung.* Bd. III. München: Fink, 2007. S. 395.
19 NEUMANN, 2005. S. 155.
20 Vgl. RICŒUR, Paul: *Zeit und Erzählung.* Bd. I. München: Fink, 2007. S. 107.
21 Vgl. WODIANKA, Stephanie: *Zeit – Literatur – Gedächtnis.* In: *Gedächtniskonzepte der Literaturwissenschaft.* Hg. Astrid Erll/Ansgar Nünning. Berlin: Walter de Gruyter, 2005. S. 189.
22 Vgl. NEUMANN, 2005. S. 156.
23 SCHACTER, Daniel L.: *Searching for Memory. The Brain, the Mind, and the Past.* New York: Basic Books, 1996. S. 22.

im Gedächtnis als wahrscheinlicher und damit auch als absehbarer abgespeichert. Daran wird deutlich, dass Narrationen Erlebnisse nicht nur darstellen, sondern sie auch rechtfertigen und erklären können. Die sogenannte „Kontingenzreduktion", also die Verringerung von unsicheren Gedächtnisinhalten, ist insofern von Bedeutung, als dass sie gemeinsam mit der temporalen Funktion einen signifikanten Einfluss auf die diachrone Identitätsbildung hat.[24] Dabei ist die Struktur der Selbstnarration dynamisch und verändert sich ständig. Eine endgültige Identität kann es demnach nicht geben. Im Gegenteil: Die unaufhörliche Entwicklung der Selbstnarration regt immer wieder neue Narrationen und damit auch Identitätsentwürfe an.[25]

In der Mitte der 1990er Jahre haben sozialpsychologische Forschungen aufgezeigt, dass sich die narrative Identität nicht nur aus individualpsychologischen Konstruktionen zusammensetzt, sondern auch soziologische und konversationspsychologische Faktoren eine Rolle spielen. Die Studien stellen dar, dass autobiographische Erinnerungen „adressatenpezifisch"[26] repräsentiert werden. Das bedeutet, dass die Erinnerungen vom Wissensstand und den Wertevorstellungen des Gesprächspartners beeinflusst werden und demnach auch narrativ inszeniert und verbalisiert werden. Der Mechanismus des „Saying-is-Believing"[27] legt in diesem Zusammenhang nahe, dass die „adressatenspezifische" Äußerung von Gedächtnisinhalten innerhalb einer Konversation ebenfalls zur Veränderung von Erinnerungen führt.[28] Der soziale Einfluss ist demnach nicht nur ein Rahmen, sondern ein entscheidender Faktor für das autobiographische Erinnern. Der soziale

---

24 Vgl. NEUMANN, 2005. S. 156.
25 Vgl. ECHTERHOFF, Gerald/STRAUB, Jürgen: „Narrative Psychologie: Facetten eines Forschungsprogramms. Zweiter Teil". In: *Handlung, Kultur, Interpretation* 13 (2004). S. 171.
26 NEUMANN, 2005. S. 157.
27 HIGGINS, E. Tory: „Achieving Shared Reality in the Communication Games: A Social Action that Creates Meaning." In: *Journal of Language and Social Psychology* 11 (1992). S. 107–131.
28 NEUMANN, 2005. S. 157.

Bezug geht mit der Einbettung in einen kulturellen Kontext einher. Denn autobiographische Erinnerungen sind auch von kulturell vermittelten Geschichtsentwürfen abhängig, welche die möglichen individuellen Selbstdarstellungen prägen. So stellt zum Beispiel der Literaturkanon sowohl ein Repertoire an Gattungen als auch an literarischen Inhalten dar, die für die Herausbildung von autobiographischen Narrationen herangezogen werden können. Während der literarische Gehalt Antworten auf persönliche Fragen liefern kann, werden Gattungsmuster genutzt, um noch vagen Erinnerungen eine semantische Struktur zu verleihen. Da das autobiographische Erinnern derart stark von soziologischen und kulturellen Faktoren der Gegenwart beeinflusst wird, ist die Grenze zum überindividuellen Erinnern oft fließend. Während einer autobiographischen Erinnerung findet somit auch ständig eine – mehr oder weniger stark ausgeprägte – überindividuelle Rekonstruktion der Vergangenheit statt.[29]

Zusammenfassend ist zu sagen, dass narrative Identität durch vielfältige individualpsychologische und soziokulturelle, selektive Verfahren in der Gegenwart konstruiert wird. Das Gedächtnis scheint demzufolge als eine Art Collage zu funktionieren. Erinnerungen, seien sie auch nicht auf persönliche Erlebnisse zurückzuführen, werden an bereits bestehende Gedächtnisinhalte angeknüpft, sofern sie dem persönlichen Wertesystem entsprechen. So werden auch Gedächtnislücken geschlossen, indem Material eingefügt wird, das aus anderen Erlebnissen stammt.[30]

---

29 A.a.O. S. 158.
30 WELZER, 2002. S. 38.

3. Literatur und Erinnerung

Nachdem die Bedeutung von Erinnerung für die individuelle Identitätsbildung dargelegt wurde, wird im Folgenden der Frage nachgegangen, welche Rolle Erinnerung in der Literatur spielen kann. Es wird vorab ein Überblick über die Entwicklung der kulturwissenschaftlichen Gedächtnisforschung vorgestellt, um daraufhin die aktuell einflussreichsten Ansätze innerhalb der Literaturwissenschaft aufzuführen. Als ausschlaggebende Methodik für die vorliegende Arbeit werde ich anschließend den *Kreis der mimēsis* nach Ricœur in seinen Grundzügen darstellen.

3.1 Die Entwicklung der Gedächtnisforschung

Nationalepen wie Homers *Ilias* oder Vergils *Aeneis* gehören zu den bekanntesten literarischen Beispielen für die kulturelle Bedeutung vom Kollektivgedächtnis. Das Thema der Erinnerung als Kultur- und Identitätsstifter hat seine Ursprünge demnach in antiken Zeiten. Von einer wissenschaftlichen Auseinandersetzung lässt sich allerdings erst ab dem 20. Jahrhundert sprechen.

Die Studien des französischen Soziologen Maurice Halbwachs markieren einen Meilenstein für die kulturwissenschaftliche Gedächtnisforschung und lassen sich gleichzeitig in ihren zeitlichen Entstehungskontext einbetten: Mit der Idee der Konstruiertheit von menschlichen Sinnwelten haben sich vor ihm bereits Aby Warburg und Sigmund Freud befasst. Halbwachs' Theorie der sozialen Bedingtheit richtet sich explizit gegen Freuds Auffassung von einer rein individuellen Erinnerung und stellt die Erinnerung als einen kollektiven Vorgang dar.

Es sind vor allem drei seiner Schriften, die die Auseinandersetzung mit Erinnerung revolutionieren: Im Jahr 1925 veröffentlicht er seine Studie *Les cadres sociaux de la mémoire*, in welcher er die soziale Bedingtheit der Erinnerung hervorhebt. Die zentrale Idee der Studie kommt der Bedeutsamkeit sozialer Gedächtnisrahmen (*cadres sociaux*) zu, die das menschliche Erinnern formen. Erst durch das Erinnern in einem spezifischen Rahmen wie Religion, Familie oder Freundeskreis entwickeln Individuen ihre soziale Identität. Die zweite Schrift, *La mémoire collective* (1950), erscheint postum und unvollständig, nachdem Halbwachs über zehn Jahre an ihr gearbeitet hatte. Hier hält er fest, dass das „kollektive Gedächtnis" zwar auf der „Gesamtheit von Menschen beruht", doch bleiben es Individuen, die sich erinnern. Demnach ist jede einzelne Erinnerung ein „Ausblickspunkt" auf das kollektive Gedächtnis, der sich nach der jeweiligen „sozialen Bedingtheit" konstituiert.[31]

1941 erscheint drittens die Studie *La Topographie légendaire*, die anhand von einem Fallbeispiel den Prozess der Erinnerung illustriert. Halbwachs kann damit als der Gründungsvater der Disziplin betrachtet werden, denn seine Forschungsarbeit ist es, die bis heute das Fundament sämtlicher kulturwissenschaftlicher Arbeiten im Bereich der Gedächtnisforschung bildet.

In den 1980ern und 1990ern findet die zweite große Welle innerhalb der Gedächtnisforschung statt. Aus den Studien zum individuellen Gedächtnis entstehen sozialpsychologische Ansätze und aus den Arbeiten zum transgenerationalen Gedächtnis entwickelt sich unter anderem die Methodik der *Oral History* in der Geschichtswissenschaft.[32] Später sind es Aleida und Jan Assmann, die an Halbwachs' Untersuchungen anknüpfen und den Begriff des kulturellen Gedächtnisses prägen. Danach bilden das kulturelle und das kommunikative Gedächtnis das kollektive Gedächtnis. Das kommunikative Gedächtnis ist nicht institutionell und in keiner Weise motiviert. Es lebt vielmehr von alltäglicher Kommunikation und Interaktion. Weil es auf der mündlichen

---

31 HALBWACHS, Maurice: *Das kollektive Gedächtnis*. Stuttgart: Ferdinand Enke Verlag, 1967. S. 31f.

32 Der Begriff der *Oral History* stammt aus den USA der 1930er Jahre, wo man durch das Sprechenlassen von Zeitzeugen aus verschiedenen Schichten wenig beeinflusste Erinnerungen dokumentieren wollte. Eines der bekanntesten Beispiele sind die Interviews von Steven Spielberg mit Shoah-Überlebenden.

Überlieferung basiert, ist ihm nach Jan Assmann eine Zeitgrenze von drei Generationen oder circa 80 Jahren gesetzt.[33] Das kulturelle Gedächtnis hingegen ist der Überlieferer von archäologischen und schriftlichen Hinterlassenschaften. Es ist determiniert durch Wiederholung und Tradition. Aleida und Jan Assmann haben nicht nur im deutschsprachigen Raum, sondern auch international ein sehr wirksames und einflussreiches Konzept zum kollektiven Gedächtnis herausgearbeitet.

Ende der 1980er Jahre beginnen sich neben Aleida und Jan Assmann viele Wissenschaftler unterschiedlicher Fachbereiche mit der Untersuchung des kollektiven Gedächtnisses zu beschäftigen. Das Erkenntnisinteresse liegt dabei immer auch auf den weltweiten politischen und kulturellen Veränderungen, die eine bestimmte Zeit prägen. Denn mit historischen Umbrüchen gehen einige Erinnerungen verloren und andere werden wieder entdeckt. Dazu gehört auch die Frage, was denn eigentlich erinnerungswürdig ist und welche Faktoren im Rahmen einer kollektiven Identitätsbildung als wichtig empfunden werden. So sehen sich z.b. Ost- und Westdeutsche nach dem Mauerfall einem Wettbewerb der Erinnerungen gegenüber, der nicht einfach zu klären ist.

Mit Beginn des 21. Jahrhunderts spricht man transdisziplinär von den *Memory Studies*. Im Gegensatz zu den vielen anderen Begriffen ist dies der einzige, der sich auch im anglophonen Raum durchzusetzen scheint. Mittlerweile ist ein regelrechter „Gedächtnis-Boom"[34] entstanden, der sich aufgrund der interdisziplinären, aber auch internationalen Ausrichtung kaum überblicken lässt. Es hat sich ein Forschungsfeld entwickelt, in dem verschiedene wissenschaftliche Ansätze das Phänomen des Gedächtnisses im jeweils eigenen Kontext betrachten. Das von Nicolas Pethes und Jens Ruchatz

---

33 ASSMANN, Jan: Communicative and Cultural Memory. In: Cultural Memory Studies. An International and Interdisciplinary Handbook. Hg. Astrid Erll/Ansgar Nünning. Berlin: Walter de Gruyter, 2008. S. 111.
34 ERLL, 2005a. S. 3.

2001 herausgegebene interdisziplinäre Lexikon zu Gedächtnis und Erinnerung[35] und das Überblickswerk *The Collective Memory Reader*[36] können als Belege dafür gelten, welchen Stellenwert die Studien zur Gedächtnisforschung mittlerweile einnehmen.

Die Narratologin Astrid Erll ist eine der herausragenden Forscherinnen auf diesem Gebiet, die sich mit der Repräsentation von Erinnerung in Literatur und Literatur als Medium des kollektiven Gedächtnisses auseinandersetzt. Für den Hype innerhalb der Gedächtnisforschung sieht Erll mehrere Ursachen: Zunächst gibt es die historischen Gründe: Dazu gehört zum Beispiel, dass die Anzahl an Zeitzeugen der Shoah und somit die Möglichkeit der mündlichen Überlieferung schwindet. Das heißt, wir befinden uns in einem Zeitraum, der sich nach Jan Assmann in einem Zwischenstadium von kommunikativem zu kulturellem Gedächtnis bewegt. In einer Zeit des Umbruchs gilt es als notwendig, Vergangenes schriftlich und vor allem wissenschaftlich festzuhalten. Nach dem Zweiten Weltkrieg und im Zuge der Dekolonisation hat sich in ehemaligen Kolonialstaaten wie Amerika, England oder Frankreich eine neue multiperspektivische Erinnerungskultur entwickelt. Und das Ende des Kalten Krieges hat schließlich Traditionen und Erinnerungen der ehemaligen Sowjetstaaten wieder aufleben lassen.[37] Auch die digitale Massenspeicherung bietet einen neuartigen Bezug zur Erinnerung und zum Vergessen. Seit neben dem Computer auch das Internet zur Datenspeicherung beiträgt, ist der allumfassenden und unendlichen Memorisierung keine Grenze mehr gesetzt. Im Zuge der poststrukturalistischen Strömung ist zudem die objektivistische Herangehensweise der Geschichtsschreibung mehr und mehr

---

35 *Gedächtnis und Erinnerung. Ein interdisziplinäres Lexikon.* Hg. Nicolas Pethes/Jens Ruchatz. Reinbek bei Hamburg: Rowohlt, 2001.
36 *The Collective Memory Reader.* Hg. Jeffrey K. Olick/Vered Vinitzky-Seroussi/ Daniel Levy. Oxford: University Press, 2011.
37 ERLL, Astrid: Kollektives Gedächtnis und Erinnerungskulturen. Eine Einführung. Stuttgart: J.B. Metzler, 2005. S. 3f.

aufgeweicht worden und die Öffnung der geisteswissenschaftlichen Disziplinen hin zu den Kulturwissenschaften ermöglicht einen breiten Diskurs rund um das Gedächtnis.[38]

3.2 Gedächtnisforschung in der Literaturwissenschaft

„Memory in Literature" (Nalbantian, 2003), „Literature as Cultural Memory" (D'haen, 2000), „Fictions of memory" (Nünning, 2003) oder „Poetics of Memory" (Wägenbaur, 1998) bewegen sich alle im gleichen Forschungsfeld und meinen doch nicht dasselbe. Die Vielzahl an Termini lässt bereits den Facettenreichtum innerhalb der literaturwissenschaftlichen Gedächtnisforschung erkennen.

Die Erinnerung hat immer schon eine bedeutende Rolle in der Literatur gespielt. Doch durch die kulturwissenschaftliche Öffnung haben sich intensive und vielseitige Beziehungen zwischen den einzelnen Disziplinen entwickelt, die auch die Literaturwissenschaft entscheidend geprägt haben. Und so operiert man auch in den Grenzen der Literaturwissenschaft in unterschiedlichen Forschungsbereichen und die Methoden erstrecken sich von poststrukturalistischen bis hermeneutischen Herangehensweisen. Eine Gemeinsamkeit dieser heterogenen Ansätze ist die Auffassung, dass sich Literatur stets auf den aktuellen Gedächtnisdiskurs bezieht und sie Prozesse, Mechanismen und Probleme der Erinnerung in ästhetischer Form darstellt.[39] Da Gedächtnis ein „diskursives Konstrukt"[40] ist, wird Literatur zu einem Zeugnis, in dem nicht nur narrative und literarische Verfahren, sondern auch „kulturelle Sinnsysteme" und „Rezeptionspraxen" zu gleichen Teilen wirken. Die außertextuelle Wirklichkeit

---

38 A.a.O. S. 4.
39 ERLL, Astrid/NÜNNING, Ansgar: Gedächtniskonzepte der Literaturwissenschaft: Ein Überblick. In: Literatur Erinnerung Identität. Theoriekonzeptionen und Fallstudien. Hg. Dies. Trier: WVT, 2003. S. 4.
40 *Gedächtnis und Erinnerung. Ein interdisziplinäres Lexikon.* Hg. Nicolas Pethes/Jens Ruchatz. Reinbek bei Hamburg: Rowohlt, 2001. S. 13.

wird nicht lediglich abgebildet, sondern „ikonisch bereichert".[41] Die Realität und die Welt der Fiktion gehen so eine Beziehung zueinander ein, die von gegenseitiger Beeinflussung geprägt ist.[42] Sich mit dem Zusammenwirken von Erinnerung, Identität und Literatur auseinander zu setzen, bietet daher auch die Möglichkeit für „Einblicke in gesellschaftliche Sinngebungsprozesse, in vorherrschende Gedächtnisinhalte, Wertehierarchien sowie in die Rolle, die Literatur für die Aneignung von Erfahrungen spielen kann".[43]

Gegenwärtig existieren drei elementare literaturwissenschaftliche Konzepte innerhalb der Gedächtnisforschung: Das *Gedächtnis in der Literatur*, das *Gedächtnis der Literatur* und *Literatur als Medium des Gedächtnisses*.[44]

Die Studien zum *Gedächtnis in der Literatur* fragen nach den Darstellungsformen von Erinnerung in der Literatur. Die Auseinandersetzung erfolgt hier auf synchroner Ebene, denn es wird vor allem nach der wechselseitigen Beziehung zwischen Literatur und der außerliterarischen Wirklichkeit gefragt. Literatur selbst kann sogar als eine Darstellung des Gedächtnisses betrachtet werden. Insbesondere narrative Texte können zum Beispiel durch ein starkes erzählendes Ich die „Erinnerungshaftigkeit" eines Textes hervorrufen.[45] Marcel Prousts *A la recherche du temps perdu* (1913–1927) ist eines der ersten und herausragenden Werke, das durch seine spezielle Erzähltechnik Erinnerung, Vergessen und das Unbewusste Anfang des 20. Jahrhunderts literarisch inszeniert. Ein großer Themenblock innerhalb dieses Bereiches ist die Behandlung des Traumas innerhalb der Literatur. Vergleichende Studien setzen sich dabei mit der literarischen Repräsentation von Krieg, Völkermord oder Terrorismus sowie deren Folgen auseinander. Literatur zeichnet sich nach diesem Konzept dadurch aus, dass sie auf

---

41 RICŒUR, 2007, Bd. I. S. 127.
42 A.a.O., S. 17.
43 NEUMANN, 2005. S. 208.
44 ERLL/NÜNNING, 2005. S. 2.
45 ERLL/NÜNNING, 2003. S. 17.

Vergangenheitsversionen Bezug nimmt und das kulturelle Wissen einer Gesellschaft in ästhetische Formen übersetzt. Dadurch wird Literatur zum Nexus zwischen zwei Welten und garantiert eine wechselseitige Einflussnahme.[46]

Zweitens sei das *Gedächtnis der Literatur* genannt, welches in der Intertextualität die Speicherfunktion der Literatur erkennt. Literatur bezieht sich immer wieder auf bereits vorher da gewesene Texte, Gattungen, Topoi oder Symbole und erinnert sich somit an sich selbst. Im Gegensatz zum vorherigen Konzept rückt hier die diachrone Ebene ins Blickfeld: Die Beziehung verschiedener Werke zueinander und deren Symbolsysteme werden untersucht. Die sich wiederholenden Formen können dabei durchaus einen Erinnerungscharakter inszenieren. So können zum Beispiel bestimmte Gattungen einem sozialen Kontext zuzuordnen sein und somit eine sinnstiftende Aufgabe erfüllen, die sich im Laufe der Jahre wandelt.[47]

Eine recht neue Entwicklung stellt das Konzept von *Literatur als Medium des Gedächtnisses* dar. Danach ist Literatur ein Mittel, um das Gedächtnis in der Erinnerungskultur zu vermitteln. Literatur ist nicht nur ein Medium, das Erinnerung abbildet, sondern selbst produziert. Dies gilt vor allem für die Herausbildung von Vergangenheitsbildern, die im kollektiven Gedächtnis gespeichert werden. In diesem Forschungsfeld kommen die verschiedenen Konzepte zusammen, wenn danach gefragt wird, inwieweit Intertextualität oder Erinnerungsprozesse dabei mithelfen, dass Literatur als Gedächtnismedium in einer Erinnerungskultur wirkt.[48]

Die produktive, gedächtnisbildende Kraft der Literatur wird im Folgenden anhand von Ricœurs *mimēsis*-Konzept ausdifferenziert, da Bruzzones *Los topos* in Anlehnung an Ricœurs Denkfigur untersucht werden soll.

---

46 A.a.O. S. 19.
47 Vgl. ABRAMS, M.H.: *A Glossary of Literary Terms*. 7. Aufl. Fort Worth: Harcourt Brace College Publ., 1999. S. 108f.
48 Vgl. ERLL/NÜNNING, 2005. S. 5.

3.3 Die dreifache *mimēsis* nach Ricœur

Ricœurs dreibändige literaturtheoretische Schrift *Temps et récit* (1983–85) befasst sich mit den Zusammenhängen zwischen *Zeit und Erzählung*. Außer- und innerliterarische Zeit stehen demnach in einer wechselseitigen Beziehung zueinander. Dadurch gehen auch die Erinnerungsprozesse beider Zeitebenen ein Wechselverhältnis miteinander ein. Ricœurs Konzept liegt die Annahme zugrunde, dass Geschichtsschreibung und Fiktion in ihrer Struktur identisch sind. Für beide gilt, dass „der *zeitliche* Charakter der menschlichen Erfahrung auf dem Spiele steht."[49] Die Literatur ist für ihn ein bedeutendes Symbolsystem, das Zeiterfahrung, Gedächtnis und sogar unsere gesamte Wahrnehmung, beeinflussen kann.

Ricœurs Modell vom *Kreis der mimēsis* geht auf den aristotelischen Mimesis-Begriff zurück. Nach der negativen Bedeutung, der an dem Begriff seit Platon haftete, erklärte Aristoteles die *mimesis* in seiner *Poetik* als einen schöpferischen und kreativen Vorgang, der nicht mit der Nachahmung im Sinne einer Kopie zu verwechseln ist.[50] Ricœur versteht den Begriff in einem dynamischen Austausch zwischen außertextueller Realität und Literatur. Er differenziert zwischen den drei Stufen der *Präfiguration, Konfiguration* und *Refiguration*, die er „in spielerischem Ernst" auch *mimēsis I, mimēsis II* und *mimēsis III* nennt."[51] Der entlehnte Begriff der *mimēsis* soll dabei nicht über die Tatsache hinwegtäuschen, dass Literatur niemals die bereits existierenden Versionen von Erinnerung imitieren kann. Oder, um es mit Genette zu sagen:

[J]je ne crois pas qu'il existe d'imitation dans le récit, parce que le récit, comme tout ou presque en littérature, est un acte de langage, et qu'il ne peut donc

---

49 RICŒUR, 2007, Bd. I. S. 13.
50 ARISTOTELES, 1997, 1451 a-b.
51 RICŒUR, 2007, Bd. I. S. 88.

y avoir davantage d'imitation dans le récit en particular qu'il n'y en a dans le langage en général.[52]

Die Besonderheit literarischer Darstellungsweisen ist hingegen, dass sie es vermag, die Vergangenheit derart detailliert, präzise und lebendig wiederzugeben, dass dadurch eine *Mimesis-Illusion* erreicht werden kann.[53]

Die Kreation fiktiver Welten gründet nach Ricœur zunächst auf der *Präfiguration* des Textes, das heißt auf dessen Bezug zu der außertextuellen Realität, die symbolisch präformiert ist. Literatur entsteht immer im Bezugsrahmen von Kulturen, in deren symbolischen Ordnungen bereits Auffassungen und Konzepte von Identität und Erinnerung bestehen. Die außertextuelle, symbolisch aufgeladene Wirklichkeit weist nach Ricœur eine „pränarrative Struktur"[54] auf. Die *Präfiguration* entspricht damit der ersten Stufe des Konzepts. Es kann rückwirkend aus dem Text geschlossen werden, welche individuellen und gesellschaftlichen Wertvorstellungen zur Zeit des Verfassens vorgeherrscht haben.

Beim Übersetzen vom Paradigmatischen zum Syntagmatischen handelt es sich um die zweite Stufe, die *Konfiguration*.[55] Sie beschreibt die narrative Struktur, die ihre ausgewählten Elemente letztlich aus der Wirklichkeit bezieht. Diese Ebene legt nahe, dass die Literatur Erinnerung und Identität repräsentieren kann: Individuelle und kollektive Erinnerungen können im fiktionalen Raum inszeniert werden. Dabei bedient sich die Literatur der in der außertextuellen Realität vorherrschenden Normen und setzt sie mithilfe ausgewählter narrativer Formen und literarischer Konstruktionen in Fiktion um. Dennoch können Elemente während der Konfiguration ihre ursprünglichen Bedeutungen verlieren und im Medium der Literatur in einen neuen Kontext überführt werden. Durch ihre Vermittlerrolle stellt diese

---

52 GENETTE, Gérard: *Nouveau discours du récit.* Paris: Èditions du Seuil, 1983. S. 29.
53 NEUMANN, 2008. S. 334.
54 RICŒUR, 2007, Bd. I. S. 118.
55 Vgl. a.a.O. S. 106.

Ebene das Herzstück des Modells dar. Sie bestätigt „den literarischen Charakter des literarischen Kunstwerks."[56]

Die letzte Stufe, die *Refiguration*, schließt mit der Rezeption ab. Sie stellt die Schnittstelle zwischen den zwei Welten innerhalb und außerhalb der Literatur dar. Der eigentliche Agens in dem Modell ist der Leser, da er durch seine rezeptive Tätigkeit den Weg von *Präfiguration* bis zur *Refiguration* auf sich nimmt und während des Lesens die Nachvollziehbarkeit der Erzählung stets aktualisiert.[57] Denn jedem Text wohnen Lücken, nicht nachvollziehbare Stellen inne, die der Leser durch sein Weltwissen füllt. Schließlich ist auch er es, der den Kreis vollendet und eine neue Welt schafft, denn nur durch die Wechselwirkung zwischen Literatur und Leser kann der Text wirken.[58] Dadurch können die in der Literatur repräsentierten Inszenierungen von Identität und Erinnerung mittels der Rezeption wiederum auf die außertextuelle Realität zurückwirken. Literatur war und ist somit nicht nur an der Reflexion und Wahrnehmung von Erinnerung und Identität beteiligt. Sie kann nicht zuletzt, wenn sie eine breite Leserschaft findet oder sogar eine Kanonisierung erfährt, neue Versionen der Vergangenheit kreieren und den kulturellen Diskurs und damit die Wirklichkeit selbst verändern. Dabei wird immer wieder die Frage diskutiert, nach welchen Vorgaben Autoren und ihre Werke in die Geschichte der Weltliteratur Einzug finden. Aleida Assmann regte in den 1990er Jahren in den USA dazu eine breite Debatte an, als sie von der „Fundamentalisierung des Ästhetischen" sprach.[59] Durch das Verändern von Vergangenheitsversionen kann vor allem das Kollektivgedächtnis einer Gesellschaft beeinflusst werden. Wenn Literatur die Wirklichkeit verändert, indem sie neue Gedächtnisversionen in unserer symbolischen Welt anstößt, werden diese wiederum der Kreation und Präfiguration eines neuen Werkes dienen.

---

56 A.a.O. S. 88.
57 Vgl. a.a.O. S. 88f.
58 Vgl. a.a.O. S. 122.
59 Vgl. ASSMANN, Aleida: *Kanonforschung als Provokation in der Literaturwissenschaft.* In: *Kanon – Macht – Kultur.* Hg. Renate von Heydebrandt. Stuttgart, Weimar: Metzler, 1998. S. 49.

Um den ästhetischen Wert des literarischen Werkes einzuordnen, werde ich mich nachfolgend in erster Linie mit der Phase zwischen *Präfiguration und Konfiguration* befassen, da diese zwei Stufen für eine Romananalyse von besonderem Interesse sind und daher vornehmlich in die Untersuchung einfließen werden. Im Anschluss wird auch die dritte Stufe einbezogen, um zu diskutieren, inwiefern die formästhetischen verfahren in Bruzzones Roman auf den aktuellen Memoriadiskurs zurückwirken.

4. Die neue Generation von Erinnernden

> Ambos, la memoria y el olvido, son construcciones que se caracterizan por su relación específica no solamente con el pasado, sino también con el presente y el futuro. Esta relación, que puede ser muy fija y rígida, o dínamica y variable, genera el movimiento de la memoria cuyo motor puede ser el cuestionamiento por parte de los hijos o la transmisión de la experiencia de los padres a las generaciones siguientes.[60]

Félix Bruzzone gehört einer neuen Generation argentinischer Autoren an. Was es aber genau bedeutet, zu dieser *nueva narrativa argentina* zu gehören, soll nachfolgend geklärt werden. Um Bruzzones Werk und seine Auseinandersetzung mit der jüngeren argentinischen Vergangenheit nachvollziehen zu können, ist es hilfreich, ihn zunächst in den Kontext der argentinischen Literatur der Postdiktatur einzuordnen.

Im Jahr 1976 putschte sich eine autoritäre Militärregierung an die Macht, stürzte die argentinische Präsidentin „Isabelita" und erklärte den subversiven Kräften im Land den Krieg. Das Regime ließ unter dem Deckmantel der nationalen Reorganisation 30.000 Menschen verschwinden, foltern und ermorden. Auch Félix Bruzzones Eltern gehörten dazu. Der Falklandkrieg 1982 läutete schließlich das Ende des Regimes ein. Das tief traumatisierte Land, von verheerenden wirtschaftlichen Folgen der Diktatur zusätzlich gebeutelt, verlor seine Vorreiterrolle in Lateinamerika. Seither dauert die Auseinandersetzung mit der dunklen Geschichte in Argentinien an und die Fülle von Romanen zur Diktatur macht deutlich, dass es weiterhin eines der bestimmenden Themen in der argentinischen Literatur bleibt. Dies ist nicht weiter verwunderlich, wenn man sich bewusst macht, dass die Nachkommen der Opfer noch leben und die juristische Aufarbeitung der Verbrechen erst 2005 neu eingeleitet worden ist. Das Jahr 1976 bedeutet aber nicht nur eine tiefgehende Erschütterung

---

60 SPILLER, Roland: Memorias en movimiento: La transmisión generacional del saber de la vida en la narrativa argentina (1980–2004). In: Contratiempos de la memoria en la literatura argentina. Hg. Miguel Dalmaroni/Geraldine Rogers. La Plata: Universidad Nacional de La Plata 2009. S. 123.

für das politische System, sondern auch einen fundamentalen Bruch für die Kultur und die Literatur des Landes.[61] Während sich die argentinische Literatur seither mit der eigenen Vergangenheit und deren Auswirkungen bis in die Gegenwart beschäftigt, hat sich der stilistische Zugriff über die Jahre weiterentwickelt.

Bereits während und auch vor der Diktatur thematisieren argentinische Autoren und Künstler sowohl im Land als auch im Exil die repressiven Kräfte und die Missachtung der Menschenrechte in ihren Werken (Manuel Puigs *El Beso de la Mujer Araña*, 1976). Dabei sind die Autoren aufgrund der Zensurbestimmungen gezwungen, ihre Aussagen durch Metaphern oder mittels der Darstellung bereits vergangener Zeiten zu kodieren. Auch Ricardo Piglia glückt es, seinen Roman *Respiración artificial* (1980) an der Zensur vorbei zu schleusen. In seinem Meisterwerk gelingt es ihm, „die aktuelle Diktatur verschlüsselt durch die vergangene" darzustellen, ohne sie lediglich zu wiederholen.[62] Die Gratwanderung zwischen Zensur und der Suche nach der Wahrheit bestimmen Piglias höchst verschachteltes, von Zitaten, Doppelungen und Widersprüchen durchdrungenes Werk.[63]

Bis in die 1980er Jahre hinein ist das literarische Schaffen von einer Spaltung zwischen einem *innerhalb* und einem *außerhalb* Argentiniens gekennzeichnet, was sich im Besonderen in den narrativen Verfahren zeigt. Es entwickeln sich in der Literatur innerhalb des Landes zwischen 1976 und 1986 zwei neue Richtungen: Auf der einen Seite ist da die mimetische Abbildung, auf der anderen Seite die allegorische Konstruktion

---

61 COBAS CARRAL, Andrea: „Narrativa argentina contemporánea: La figura de Hijos de víctimas de la violencia de estado". In: *Boca de Sapo* Bd. 5 (2010). S. 19.

62 SPILLER, Roland: „Das Land am Ende der Welt und seine Schriftsteller. Autoren loten die Grenzen des Sagbaren aus: Die Erneuerung des Gedächtnisses aus dem Gedächtnis der Erneuerung". In: *Forschung Frankfurt* Bd. 28 (2010). S. 40.

63 Ebd.

der Wirklichkeit, die sich beide darum bemühen, die repressive Gewalt zu schildern.[64]

Die *nueva narrativa argentina*

> Las nuevas generaciones son náufragos de un barco que no condujeron, víctimas de timoneles que no pudieron elegir ni dirigir. Prisioneros de una torre que presiden (porque son más jóvenes, porque están menos dañados por la vida, porque todavía no se han equivocado tanto y porque es probable que en su mayoría mueran después) pero que los sostiene, es la única tierra firme en la que puedan pararse.[65]

Die 1990er Jahre bringen eine neue Generation von jungen Schriftstellern hervor: die *nueva narrativa argentina*. Dabei handelt es sich um eine Gruppierung, die sich bis heute in einem Prozess der Entwicklung befindet, sodass mittlerweile verschiedene Beschreibungen für diese Schriftstellergeneration kursieren.

In ihrer 2011 erschienenen umfangreichen Studie *Los prisioneros de la torre* beschreibt Elsa Drucaroff die *nueva narrativa argentina* als Schriftstellergeneration der Postdiktatur, die nach 1960 geboren sind und in den 1990er Jahren zu schreiben beginnen.[66] Es handelt sich damit um Autoren zwischen 20 und 50 Jahren, die die Diktatur als Kinder und Jugendliche erleben oder in der Demokratie aufwachsen. Im Gegensatz zu ihren Eltern ist für sie nicht 1945, sondern 1976 das Jahr, das ihr Leben nachträglich am drastischsten geprägt hat. Sie distanzieren sich von der terroristischen Vergangenheit ihres Landes und sind sich gleichzeitig über deren Auswirkungen bis in ihre Gegenwart bewusst. *Nueva* darf nicht im Sinne von „jung" verstanden werden, sondern bezieht sich auf einen neuen Tonfall, mit dem Themen aus der Vergangenheit besprochen werden und auf die Spezifika literarischer Verfahren, wie sie

---

64 COBAS CARRAL, 2010. S. 19.
65 DRUCAROFF, Elsa: Prisioneros de la torre. Política, relatos y jóvenes en la postdictadura. Buenos Aires: Emecé, 2011. S. 35.
66 A.a.O. S. 17.

in vorherigen Generationen zumindest nicht als übergreifende Tendenz zu erkennen sind.[67]

Die neuen Schriftsteller sehen die Vergangenheit mit anderen Augen als ihre ‚Väter' und es entfaltet sich eine Memoria-Literatur, die sich mit der Zeit immer stärker ausprägt. Die Aussöhnung und das Gedenken an den 20. und 25. Jahrestag des *golpe de estado* verstärken die Erinnerungskultur innerhalb des Landes. Außerdem kommen nach Ende der Diktatur viele Schriftsteller aus dem Exil zurück nach Argentinien, die die Literaturlandschaft mitgestalten. Der neue Blickwinkel macht die Verarbeitung des nationalen Traumas möglich.[68] Autoren schreiben über die Schrecken der Vergangenheit nicht mehr in allegorischer oder fragmentarischer Form. Sie verfolgen vielmehr das Ziel, mehrere Perspektiven auszuleuchten und somit sehr direkt die bisher unaussprechbaren Erinnerungen zu benennen.[69] Dabei gehen die Schriftsteller sehr unterschiedlich mit dem Erbe der Vergangenheit um: Es entstehen viele Romane und Werke, die die Diktatur als grundlegendes Thema wählen, wie z.B. Marcelo Figueras' *Kamchatka* (2002), aber auch solche, die subtil an das traumatische Erbe erinnern, indem sie die Gegenwart als erschüttert und verloren darstellen.

Unter anderem erfährt auch die Testimonio-Literatur wieder großen Einzug in die Memoria-Literatur. Die Kultur der *testimonios* (Zeugenaussagen) hat ihre Ursprünge in der juristischen Aufarbeitung der Diktatur. Nachdem das Regime jegliches Beweismaterial hatte verschwinden lassen, dienten die Zeugenaussagen von den Opfern der Diktatur als die einzigen Beweisstücke, die angeführt werden konnten, um die begangenen Verbrechen zu dokumentieren. In den 1960er und 1970er Jahren entwickelte sich die originäre Testimonio-Literatur, in der Autoren ihre Erlebnisse unter der Diktatur verarbeiteten. In den 1990ern erweist sich

---

67 A.a.O. S. 18.
68 Vgl. SPILLER, Roland: „Memoria y olvido en la narrativa de Chile y Argentina". In: *Versants. Revue Suisse des Littératures Romanes* Bd. 52 (2006). S. 145–176.
69 Vgl. COBAS CARRAL, 2010. S. 20.

die Rekonstruktion von Zeugenaussagen als Fundament vieler Romane, die sich abseits der ursprünglich juristischen Aufklärung bewegen.[70] So erzählt die Autorin Elsa Osorio in ihrem pseudoautobiographischen Roman (*A veinte años, Luz*, 1998) von einer geraubten *hija de desaparecidos*, die bei einer regimetreuen Familie aufwächst und nach jahrzehntelanger Recherche ihren leiblichen Vater wieder trifft. Damit steht die Testimonio-Literatur der fiktionalen Konstruktion von Erinnerung gegenüber. Die Veröffentlichung von Beatriz Sarlos' Studie *Tiempo pasado* (2005) hat unter Literaturwissenschaftlern eine Debatte entfacht: Sie spricht sich darin gegen die Testimonio-Literatur aus, die in der ersten Person verfasst ist. Diese hat nach Sarlo keine Legitimation für ihren dokumentarischen Stil. Denn im Gegensatz zu den autobiographischen *testimonios* der 1960er und 1970er Jahre verfügten die zeitgenössischen Werke weder über persönliche Erfahrungen noch über neue Erkenntnisse. Die Texte hätten nicht den Anspruch, der Geschichte neue Informationen hinzuzufügen oder bisher Verborgenes aufzudecken. Sie stützten sich auf Quellen, die bereits gefestigt seien, wie zum Beispiel auf die Informationen der Kommission *Nunca más*[71].[72] In Bezug auf Martin Kohans Roman *Dos veces junio* (2002) erklärt Sarlo, dass die fiktionale Literatur dagegen in der Lage sei, jenes darzustellen, worüber es keinerlei *testimonios* gebe.[73] In dem fiktionalen Roman erzählt Kohan von einem Mitläufer in Diktaturzeiten. Es erinnert an Hannah Arendts *Eichmann in Jerusalem. Ein Bericht von der Banalität des Bösen* (1963), wenn Kohan nicht einen grausamen Mörder, sondern einen Charakter beschreibt, der

---

70 SARLO, Beatriz: *Tiempo pasado. Cultura de la memoria y giro subjetivo. Una discusión.* Buenos Aires: Siglo XXI Editores Argentina, 2005. S. 24.

71 Mit dem Ende der Diktatur wurde eine Wahrheitskommission ins Leben gerufen, die in ihrem Abschlussbericht *Nunca más* (Niemals wieder) die tausendfach verübten Menschenrechtsverbrechen dokumentierte.

72 KUNZ, Marco: „Identidad robada y agnórisis. De *Nunca más* al *Quinteto de Buenos Aires* de Vázquez Montalbán". In: *Violence politique et écriture de l'élucidation dans le bassin méditerranéen.* Grenoble: Université Stendhal-Grenoble 3, 2002. S. 181.

73 SARLO, 2005. S. 164.

für die breite Masse der schweigenden, wegschauenden argentinischen Bevölkerung steht.[74] Der Literaturwissenschaftler Norman Cheadle greift Sarlos Position an und kritisiert, dass Sarlo den Eindruck erwecke, die Testimonio-Literatur in der ersten Person sei bereits per se unzuverlässig, wenn nicht sogar unehrlich. Als Vertreterin der sowohl akademischen als auch öffentlichen intellektuellen Riege verhalte sich Sarlo verantwortungslos, indem sie den rechten Vertretern der alten Militärdiktatur in die Hände spiele.[75]

Währenddessen vertritt Valeria Grinberg Pla die Auffassung, dass es zwischen fiktionaler und testimonialer Erzählung keinerlei Hierarchie geben darf. Demnach sei keine der beiden Erzählstrukturen der Wirklichkeit näher, im Gegenteil: Erst die Koexistenz beider Erinnerungsformen mache eine Annährung an die Erfahrungen der Erzähler, seien diese fiktional, testimonial oder in hybrider Form (*Recuerdos de la muerte* von Miguel Bonasso, 1994) dargestellt, möglich.[76]

Eine Entwicklung, die sowohl in der fiktionalen als auch in der testimonialen Literatur zu beobachten ist, ist der Einzug des *hijo de desaparecidos*. Ende der 1990er Jahre ist es diese Figur, die bei Juan Gelman und Mara La Madrid (*Ni el flaco perdón de Dios*, 1996; *Hijos de desaparecidos*, 1997) oder Elsa Osorio (*A veinte años, Luz*, 1998) als Verkörperung der staatlichen Gewalt steht. Der *hijo* begibt sich stets auf eine Reise in die Vergangenheit und versucht, die Wurzeln seiner eigenen Identität zu finden. Der Impuls, sich auf diese Suche zu begeben, wird in den meisten Geschichten durch eine heftige Veränderung innerhalb der Familienkonstellation ausgelöst: Es ist ein Ereignis wie die Geburt des eigenen

---

74 SPILLER, 2006. S. 176.
75 Vgl. CHEADLE, Norman: „Memory and the ‚subjective turn': Beatriz Sarlos *Tiempo Pasado* (2005)". In: *Contra corriente. Una revista de historia social y literatura de America Latina* Bd. 5 (2008). S. 205.
76 GRINBERG PLA, Valeria: La memoria de los hijos de desaparecidos en el cine argentino contemporáneo: entre la subjetividad y la búsqueda de una identidad colectiva. In: Contratiempos de la memoria en la literatura argentina. Hg. Miguel Dalmaroni/Geraldine Rogers. La Plata: Universidad Nacional de La Plata, 2009. S. 266.

Kindes oder der Tod der Großeltern, das den *hijo* auf die Reise zu sich selbst schickt.[77] Ebenfalls typisch für die Romane der neuen Autoren ist es, die Geschichten aus der Perspektive von Kindern oder Jugendlichen erzählen zu lassen. Hierfür stehen Marcelo Figueras *Kamchatka* (2002) oder auch Laura Alcobas autobiographisch angelegter Roman *La casa de los conejos* (2007) exemplarisch. Alcobas Protagonistin, die sieben-jährige Erzählerin, schildert darin ihr Dasein als Tochter von Wider-standskämpfern während der Diktatur. Sie zieht mit ihrer Mutter in eine Flugblattdruckerei, die als Kaninchenhaus getarnt ist, und darf von nun an mit niemandem mehr sprechen, niemandem ihren Namen sagen. Dabei lebt sie in der ständigen Angst, dass sie und ihre Mutter entdeckt werden könnten.

Elsa Drucaroff unterscheidet die Schriftsteller der *nueva narrativa argentina* in die erste Generation, die in den 1990er zu schreiben be-ginnt und die zweite Generation (NNA[78]), die ab 2001 veröffentlicht. Die zweite Generation habe verstanden, dass es hilfreich ist, sich zu Kollaborationen zusammen zu schließen.[79] Die neue Literatur- und Verlagsszene ist lebendig und breit gefächert. Autoren treffen sich in alten Lagerhallen, Clubs und Galerien und bilden ihre eigenen Verlage wie Editorial Tamarisco (von Félix Bruzzone, Sonia Budassi und ande-ren), oder auch La Creciente (Alejandra Baldovín, Alejo Carbonell und Luciano Lamberti), Entropía (Gonzalo und Valeria Castro und andere) oder Editorial Funesiana (Lucas Funes Oliveira).

2003 erschien erstmals die literaturwissenschaftliche und politische Zeitschrift *Otra Parte*, die zeitgenössische Kunst und Literatur zum Untersuchungsobjekt gewählt hat. Ebenfalls entsteht das neue Literaturmagazin *No retornable*, das 2005 gegründet wurde und sich auch mit nichtliterarischer und internationaler Kunst beschäftigt. Alle Artikel des Magazins sind im Internet frei zugänglich. Insgesamt spielt das Internet eine maßgebliche Rolle in der Szene, sowohl für

---

77 COBAS CARRAL, 2010. S. 21.
78 Die Abkürzung NNA taucht erst mit der zweiten Generation auf.
79 DRUCAROFF, 2011. S. 180.

die Autoren als auch für die Kritiker. Zahlreiche Schriftsteller nutzen Blogs, um zu veröffentlichen oder mit anderen Schriftstellern und Lesern in Kontakt zu treten. Viele der Verleger führen ebenfalls Blogs, um über die aktuellen Neuerscheinungen der Autoren zu informieren oder Essays und Gedichte zu veröffentlichen.[80] Nicht zuletzt sind es diese Versuche, mehr Aufmerksamkeit zu erregen, die dazu führen, dass einige Kritiker die neue Bewegung als ein Marketingprodukt bezeichnen. Elsa Drucaroff wehrt diesen Einspruch ab, mit Verweis auf den *boom latinoamericano*. Sowie auch die großen lateinamerikanischen Literaten Julio Cortazár, Mario Vargas Llosa und Carlos Fuentes vom *Boom* profitiert hätten, wüsste auch die heutige Schriftstellergeneration ihre Werke zu vermarkten. Die neuen Schriftsteller formen eine neuartige, in den meisten Fällen literarisch anspruchsvolle und dynamische Bewegung, die sich kritisch mit der argentinischen Gesellschaft auseinandersetzt. Ein großer Markt habe sich für sie noch immer nicht aufgetan und daher sei es lobenswert, wenn sie sich zu „verkaufen" wüssten, in der Hoffnung, dass sich dies in Zukunft ändern wird.[81]

Vielversprechende neue Autoren der zweiten Generation sind unter anderen Washington Cucurto (*El curandero del amor*, 2006), Pola Oloixarac (*Las teorías salvajes*, 2008) oder Iosi Havilio (*Estocolmo*, 2010). Zu der neuen Generation von Erinnernden gehören neben Schriftstellern auch Filmschaffende, die die Erinnerung politisch aufbereiten und mit der Konstruktion der Erinnerung verbinden. In ihrem Film *Los Rubios* (2003) stellt die Regisseurin Albertina Carri die bisherige Version ihrer Vergangenheit in Frage. Die Eltern der Regisseurin verschwanden 1977. Auf der Suche nach der Wahrheit über das Schicksal ihrer

---

80 Eine Auswahl an Blogs:
http://blog.eternacadencia.com.ar/
http://hojasdetamarisco.blogspot.com/
http://bastadecaratulas1.tumblr.com/
http://weblogs.clarin.com/diariodelaferia/2009/ (Ein Blog, der vom Magazin Ñ eigens für die Frankfurter Buchmesse 2010 eingerichtet wurde.)
81 DRUCAROFF, 2011. S. 185.

Eltern und ihrer eigenen Identität besucht Carri, teils selbst und teils von einer Schauspielerin dargestellt, zusammen mit einem Filmteam ihr altes Elternhaus und interviewt die Nachbarn zum Schicksal der Verschwundenen. Der Titel *Los Rubios* stammt von einer Nachbarin, die glaubt, sich daran erinnern zu können, dass Carris Familienmitglieder alle blond waren. Nach New York Times Kritiker A.O. Scott ist Carris Verfilmung „not so much a documentary as a fictional film about the making of a documentary, or perhaps a documentary about the making of a fictional film about the making of a documentary."[82]

Die neuen Künstler sind befreit genug, um die Diktatur nicht mehr unbedingt als Hauptakteur ihrer Werke auftreten zu lassen. Trotzdem hört man bei den meisten Texten einen sozialkritischen Ton heraus. Die Diktatur wird dabei immer öfter aus einer gegenwärtigen und erinnernden statt einer erlebenden Perspektive dargestellt, um so den Erinnerungsprozess in Szene zu setzen:

> Entonces, la práctica de la memoria es una de las estrategias que han sido usadas, sobre todo en años recientes, para inscribir los crímenes de la dictadura en el imaginario social. Esta perspectiva se caracteriza por privilegiar el proceso de recordar como forma de crear una memoria de lo ocurrido y por ello su tiempo es el presente.[83]

Als Schriftsteller der Postdiktatur reiht sich Félix Bruzzone in die verschiedenen Entwicklungen der letzten Jahre ein: Er gehört zur *nueva nueva narrativa* der zweiten Generation und in *Los topos* wählt er ebenfalls den *hijo de desaparecidos* zum Erzähler und Protagonisten seiner Geschichte. Auch wenn es sich bei Bruzzone um einen Autor handelt, der seine Eltern durch die Militärdiktatur verloren hat, kann man bei seinem Roman weder von Testimonio-Literatur noch von rein fiktionaler Literatur sprechen. *Los topos* lässt sich in keine der Kategorien eindeutig

---

82 SCOTT, A.O.: „The Blonds (2003). Film Review. Personally Political: Fallout From the ‚Dirty War'". In: *The New York Times*. 07.04.2004. http://movies.nytimes.com/movie/review?res=9D03E0DE1638F934A35757C0A9629C8B63 [Letzter Zugriff: 15.07.2014].

83 GRINBERG PLA, 2009. S. 263.

einreihen und ist damit ein Beispiel dafür, dass eine Entscheidung zwischen testimonial-autobiographisch und fiktional-metaphorisch nicht unbedingt notwendig ist. Wie Bruzzone selbst erklärt: „[M]e parece que sin la biografía la ficción también es imposible."[84] Die Entscheidung für eine ‚angemessene' Form in der literarischen Auseinandersetzung mit der argentinischen Vergangenheit muss also nicht gefällt werden.

---

84 BRUZZONE im Interview auf der Frankfurter Buchmesse: http://media. oksh.de/hl/2010/Ondemand/Literadio/FelixBruzzone-76(Interview).mp3 (2010) [Letzter Zugriff: 15.07.2014].

5. Geraubte Erinnerungen: Die literarische Inszenierung von Identität und *memoria* in Félix Bruzzones *Los topos*

5.1 Autor und Stoffgeschichte

Félix Bruzzone ist 1976 im Jahr des Militärputsches in Buenos Aires geboren. Seine Eltern gehörten während der argentinischen Militärdiktatur beide dem militanten Widerstand der ERP an und gehörten zu den ersten, die verhaftet wurden. Der Vater verschwand drei Monate vor seiner Geburt im Jahr 1976, die Mutter einige Monate danach.

Bruzzone studierte Literaturwissenschaft in Buenos Aires, wo er auch zeitweise als Grundschullehrer arbeitete. Verschiedene Texte von ihm sind bereits veröffentlicht worden. 2008 erschien in Buenos Aires sein Kurzgeschichtenband *76*, der auch auf deutsch publiziert[85] wurde und für den er im Rahmen der Frankfurter Buchmesse 2010 mit dem Anna-Seghers-Preis ausgezeichnet wurde. Sein erster Roman *Los topos* erschien ebenfalls 2008 und wurde auch auf französisch veröffentlicht. Er ist Mitherausgeber seines eigenen Verlags Editorial Tamarisco. Neben seiner Arbeit als Autor und Herausgeber arbeitet Bruzzone als *piletero*, als Swimmingpoolreiniger, weil ihm die Einnahmen aus dem Verkauf seiner Bücher bisher keine Lebensgrundlage für sich und seine Familie sichern können. Seine Arbeit als *piletero* vergleicht er mit der Erinnerungsarbeit und inspirierte ihn für seinen zweiten Roman *Barrefondo*, der 2010 erschien:

> Mi pasado, y toda esa historia, está como asentada en el fondo y sin embargo está asentada pero en forma muy frágil, [...] Son elementos [...] que se deshacen muy facilmente. Entonces –y cuando el agua se remueve un poco– estos elementos se levantan, que es un poco lo que pasa cuando uno hace decantar una pileta.[86]

---

85 BRUZZONE, Félix: *76*. Berlin: Berenberg, 2010.
86 BRUZZONE im ZEIT-Interview http://www.zeit.de/video/2010-10/ 628214031001 [Letzter Zugriff: 15.07.2014].

In seiner Literatur versucht Bruzzone eine Verbindung zu seinen Eltern herzustellen.[87] Er wählt für seine Figuren daher oft Kinder von *desaparecidos*. Seine Texte zeichnen die Nachwirkungen der argentinischen Militärdiktatur im scheinbar belanglosen Alltag der Protagonisten nach. Gemeinsam haben alle, dass sie auf der Suche nach einer Wahrheit sind, deren Ursprung in der Vergangenheit liegt. Ihr unstillbarer Wissensdrang ist nachvollziehbar, denn sie befinden sich auf der Suche nach der eigenen Identität, scheitern dabei jedoch stets. Ihre Ungewissheit bleibt weiter bestehen und treibt sie immer weiter voran. Die Geschichten spielen in der Gegenwart oder sogar in der Zukunft, doch fast jede Szene hat auf allen Ebenen Bezüge zur Vergangenheit.

Auch der Protagonist in *Los topos* ist durch die Vergangenheit gekennzeichnet, durch seine „marca originaria"[88], die er nicht abschütteln kann. Diese Form der Vorbestimmung, die sich in verschiedenen Szenen des Romans offenbart, ist auf sein Schicksal als politischer Waise zurückzuführen. Es ist ihm in gewisser Weise auferlegt, den Kampf seiner Eltern weiterzuführen.[89] Diese vorbestimmten Wege münden schließlich in einer Suche zu sich selbst. Während dieser entwickelt sich die Möglichkeit, sein Schicksal selbst in die Hand zu nehmen. Der Autor selbst erklärt, dass ihn für die künstlerische Aufbereitung der Vorbestimmung auch die TV-Serie *Lost* inspiriert hat.[90]

---

87 Ebd.
88 BRUZZONE im Interview mit cuentomilibro: http://www.cuentomilibro. com/los-topos/61 [Letzter Zugriff: 15.07.2014].
89 BRUZZONE im Interview mit mir, siehe Anhang.
90 In der US-amerikanischen TV-Serie *Lost* kämpfen Überlebende eines Flugzeugabsturzes auf einer einsamen Insel ums Überleben. Das Format zeichnet sich dadurch aus, dass in zahlreichen Rückblenden und auf verschiedenen Zeitebenen von der Katastrophe berichtet wird, sodass der Eindruck entsteht, der Absturz hätte aus vorbestimmten Gründen geschehen müssen. [Interessant ist in diesem Zusammenhang die Verbindung vom Romantitel *Los topos* und der TV-Serie *Lost*, die in vielen spanischsprachigen Ländern unter dem Namen *Desaparecidos* lief.]

Die argentinische Literaturwissenschaftlerin und Autorin Sonia Budassi geht davon aus, dass *Los topos* vor zehn Jahren nicht hätte geschrieben werden können. Das liegt nicht am Alter des Autoren, sondern an den Umständen und Ereignissen, die Argentinien in den letzten Jahren geprägt haben.[91] Sowohl auf gesellschaftlicher, politischer, wirtschaftlicher, aber auch auf psychologischer Ebene hat Argentinien große Entwicklungen durchlebt und eine tiefgreifende Auseinandersetzung mit der Geschichte hat begonnen. Dazu gehört auch und vor allem die justizielle Aufarbeitung seit 2005, die nach den Amnestiegesetzen schließlich wieder aufgenommen worden ist. Dazu gehört aber auch die Wirtschaftskrise um die Jahrtausendwende, die das Land schwer gebeutelt hat: [D]debieron suceder algunos hechos para que el campo de lo que el campo de lo ‚escribible' sobre desaparecidos se ampliara para aceptar el cruce de géneros y la comicidad.[92]

Budassi vergleicht die „politische Unkorrektheit" in *Los topos* mit Art Spiegelmans *Maus*[93] und bezeichnet seine Bissigkeit gegenüber den Opfern der Diktatur für genauso unerlässlich wie die strikte Verurteilung den Mördern gegenüber.[94] Bruzzones „Respektlosigkeit" wird wie bei Spiegelman legitimiert, da der Autor selbst Betroffener der Geschichte ist. Die Vergangenheit wird bei Bruzzone nicht reanimiert, sondern

---

91 BUDASSI, Sonia: „Condición de Búsqueda. Sobre „Los topos", de Félix Bruzzone". In: *Perfil* (7.12.2008). http://www.diarioperfil.com.ar/edimp/0319/articulo.php?art=11452&ed=0319 [Letzter Zugriff: 15.07.2014].

92 BUDASSI, 2008. a.a.O.

93 SPIEGELMANN, Art: *Maus. Die Geschichte eines Überlebenden* Bd. 1, 1986 und Bd. 2, 1991. In *Maus* erzählt Spiegelmann die Geschichte seiner Eltern, die Ausschwitz überlebt haben. In dem fabelhaften Comic repräsentieren Mäuse die Juden, während Katzen die deutsche Bevölkerung und Nazis darstellen. Auf diese Weise schafft Spiegelmann Distanz zu den Gräueltaten und findet einen Kanal, um das Unaussprechliche zu verbalisieren.

94 BUDASSI, 2009. a.a.O.

die Tradierung der Gewalt bis in die Gegenwart in den Vordergrund gestellt. Dabei erzählt der Roman auch vom Scheitern der Politik, die die „mikrofaschistische Hinterlassenschaft"[95] bis heute nicht aus dem demokratischen Staat Argentiniens entfernen konnte.

Das argentinische Kulturmagazin Ñ[96] nennt Bruzzone einen antikanonischen Autor.[97] Sicherlich nicht zuletzt deswegen, da er derart tabulos und ironisch mit der Thematik umgeht, wie es nur ein Schriftsteller seiner Generation tun kann. Die Eltern-Generation wird nicht nur entidealisiert, sondern auch beschuldigt, Teil des unterdrückerischen Systems gewesen zu sein. Dieser fundamentale Schritt innerhalb der Aufarbeitung der Geschichte vollzieht sich in Los topos durchaus radikal: Die Eltern des Protagonisten stellen Opfer und Täter dar. Dabei wird vor allem dem Vater eine besondere Rolle zugedacht: ein Ex-Militanter, Verräter der Mutter, Folterer und somit ein topo – ein Doppelagenten. Und so kann auch der Protagonist auf der Suche nach der eigenen Identität nur eine gebrochene Persönlichkeit sein.

Bruzzone selbst erklärt, dass ihm das Thema der Verschwundenen mittlerweile oft „aufgebraucht" vorkommen würde. Damit die Geschichte trotzdem nicht in Vergessenheit gerate, habe er sich dazu entschieden, das Thema von einer neuen Seite zu beleuchten.[98]

---

95 BERNINI, Emilio: „Una deriva queer de la pérdida. A propósito de Los topos, de Félix Bruzzone". http://www.no-retornable.com.ar/v6/dossier/bernini.html [Letzter Zugriff: 15.07.2014].

96 Das Magazin Ñ gehört zur Zeitung Clarín.

97 „Félix Bruzzone y Pola Oloaixarac, dos jóvenes autores muy en boga que disparan contra el canon". In: Diario de la Feria (27.04.09). http://weblogs.clarin.com/diariodelaferia/2009/04/27/felix_bruzzone_y_pola_oloaixarac_dos_jovenes_autores_muy_en/#respond [Letzter Zugriff: 15.07.2014].

98 ERLAN, Diego: „„El del piletero es un territorio fronterizo"". In: Revista de Cultura (20.07.10). http://edant.revistaenie.clarin.com/notas/2010/07/20/_-02205568.htm [Letzter Zugriff: 15.07.2014].

5.2 Synopse von *Los topos*

Die zentrale Handlung des Romans ist die Suche. Der namenlose Protagonist, der auch der Ich-Erzähler ist, sucht nach seinem verschwunden geglaubten Bruder. Das Buch beginnt mit einer Rückblende aus der frühen Kindheit und endet in der Gegenwart. Der Roman basiert auf zwei Kapiteln, die die beiden Schauplätze Buenos Aires und Umgebung und die Stadt Bariloche repräsentieren. Im Laufe der Suche erfährt der Protagonist mehr und mehr über seine eigene Familiengeschichte.

Der Protagonist ist ein *hijo de desaparecidos* und wächst bei seinen Großeltern in Moreno, nahe Buenos Aires, auf. Bereits auf der ersten Seite wird von der Vermutung seiner Großmutter Lela berichtet, er habe noch einen Bruder, der in der Gefangenschaft während der Diktatur geboren worden sei. Von diesem Verdacht erfährt der Protagonist, als er seine Großeltern im Garten belauscht. Er selbst versteckt sich dabei zwischen den Kürbisblättern. Ebenfalls als Kind bekommt er zu hören, dass sein Vater als Doppelagent sowohl für eine Guerilla-Organisation, als auch für die Militärregierung gearbeitet und die Mutter verraten haben soll. Als der Großvater verstirbt, verstärkt sich Lelas Drang, ihren verschwundenen Enkel zu finden.

Der Verdacht und die bald wahnhaft werdende Suche der Großmutter nach dem zweiten Enkel bestimmen das Aufwachsen des Erzählers. Das führt so weit, dass die beiden in eine kleine Wohnung in Buenos Aires mit Blick auf den Sitz der ESMA[99] ziehen, um dem vermeintlichen Geburtsort des Enkels näher zu sein. Auf diese Weise glaubt Lela, der Recherche verstärkt nachgehen zu können. Die Großmutter finanziert das Leben der beiden durch die Rente des verstorbenen Großvaters und ihre Arbeit als Konditorin. Auch der Protagonist wird später der Tätigkeit des Konditors nachgehen.

---

99 Escuela de Mécanica de la Armada war ein Geheimgefängnis und größtes Folterzentrum während der Militärdiktatur.

In der neuen Umgebung fühlt sich der Protagonist aufgrund der ständigen Präsenz der ESMA nicht wohl, bis er neue Freunde und schließlich Romina kennen lernt. Nachdem er und Romina sich eine halbe Stunde kennen, fühlen sie sich bereits wie Geschwister, „éramos como hermanos."[100] Romina kann er alles erzählen und findet in ihr eine Vertraute. Als Zeichen ihres Mitgefühls beginnt sie sich bei HIJOS[101] zu engagieren, obwohl sie selbst kein Kind von Verschwundenen ist. Der Erzähler hat keine zu hohe Meinung von der Organisation, macht sich stellenweise über Rominas Einsatz lustig, wenn er vorschlägt, dass Romina und ihre Freundin Ludo ihr eigene Organisation gründen sollten."[102] Und so werden HIJOS bald zum Thema ihrer Konflikte. Immer wieder versucht Romina den Protagonisten von einem Engagement bei HIJOS zu überzeugen, während dieser sich von ihr als selbsternannte Retterin bedrängt fühlt. Nach mehreren Jahren Beziehung, der Rezipient erfährt keine genaue Zeitangabe, trennt sich Romina von dem Protagonisten. Einige Zeit später eröffnet sie ihm, dass sie schwanger ist. Zur gleichen Zeit erklärt ihm sein Anwalt, er erhalte Geld aus den Reparationszahlungen für die Nachkommen der Opfer der Diktatur.

Auf dem Weg zu Rominas Haus, überfordert von der neuen Lebenssituation, flaniert er durch Straßen, in denen sich *travestis* prostituieren. Fasziniert von den „cuerpos dobles"[103] beginnt er regelmäßig Transvestiten im Auto mitzunehmen. Schließlich trifft er auf Maira, ebenfalls Transvestit und Prostituierte, der er sich sofort verbunden fühlt und seine Probleme anvertrauen kann. Zur gleichen Zeit

---

100 BRUZZONE, 2008. S. 15.

101 Hijos Por la Identidad y la Justicia Contra el Olvido y el Silencio; Organisation, die sich um die Suche nach den *hijos de desaparecidos* bemüht und mittels sog. *escraches* die Identität von Tätern aufdeckt. *Escrache* (Lunfardo) bedeutet „ans Licht bringen" und meint einen Demonstrationszug, der durch die Stadt zieht, bis er vor dem Haus eines Täters angekommen ist. HIJOS möchte mittels der *escraches* auf die Identität von Verbrechern der Diktatur aufmerksam machen.

102 BRUZZONE, 2008. S. 18.

103 A.a.O. S. 26.

verkomplizieren sich die Dinge mit Romina, da diese sich entschließt, das Baby abzutreiben. Es bleibt jedoch bis zum Ende des Romans unklar, ob Romina sich tatsächlich einer Abtreibung unterzogen hat. Zu seinen alten Freunden bricht der Erzähler den Kontakt ab. Er arbeitet nur noch und gibt sein Geld der Wiedergutmachung für Maira aus.

Als die Großmutter stirbt, wird der Erzähler von Alpträumen heimgesucht und hat aus Überlebensinstinkt regelmäßigen Geschlechtsverkehr mit Maira, der er sich immer näher fühlt: „De tanto compartirse se vuelve igual."[104] Die Beziehung kommt zu einem Wendepunkt, als der Erzähler Maira seine Liebe gesteht, sie diese aber nicht erwidert. Nach dem Streit verschwindet Maira, der Protagonist hält aber weiterhin an ihrer Liebe fest, denn ihm zu Folge teilen sie „un mismo deseo."[105] Er beginnt sie zu suchen. Gleichzeitig verkauft er die Wohnung, um in das alte Haus seiner Großeltern nach Moreno zu ziehen, das er mit Hilfe von Handwerkern renoviert. Während der Suche nach Maira erinnert er sich an die Suche seiner Großmutter Lela und verspürt den Drang, sich schlussendlich für oder gegen die Version des verschwundenen Bruders zu entscheiden: „como si las dos búsquedas tuvieran algo en común, como si fueran parte de una misma cosa o como si fueran, en realidad, lo mismo."[106] Schließlich entdeckt der Protagonist Maira in Moreno. Von dem Zeitpunkt an beginnt er Maira zu verfolgen und beobachtet, wie Polizisten und Freier täglich ihre Wohnung in Moreno frequentieren. Er malt sich einen Komplott aus, in dem Maira eine Agentin der Polizei, eine Infiltrierte in einer Verschwörung gegen Homosexuelle abgibt. Schließlich erfährt er von HIJOS, dass auch Maira ein Kind von Verschwundenen ist, sie ihre Zwillingsschwester sucht und es sich

104 A.a.O. S. 34.
105 A.a.O. S. 36.
106 A.a.O. S. 41.

zur Aufgabe gemacht hat, ehemalige *represores* umzubringen. HIJOS, die gerade ihre *escraches*[107] erfolgreich etabliert haben, möchten nichts mit der „travesti matapolicías"[108] zu tun haben. Die Suche nach Maira gleicht immer mehr der Suche nach dem Bruder, bis die beiden miteinander verschmelzen. Es verfestigt sich die Idee, dass der gesuchte Bruder und Maira ein und dieselbe Person sind.

Als er schließlich Maira besuchen möchte, um sich mit ihr auszusprechen, findet er ihre Wohnung durchsucht und zerstört vor. Sie ist erneut verschwunden. Er erfährt, dass sie vor ihrem Verschwinden geplant hatte, nach Bariloche zu gehen. Nach Tagen in Mairas Wohnung kehrt er schließlich wieder in sein Haus zurück und muss erfahren, dass die Bauarbeiter dieses mittlerweile besetzt haben. Als ihm kurze Zeit später auch sein Auto samt all seiner Papiere gestohlen wird, lebt er als Obdachloser auf der Straße. Schließlich lernt er Mariano kennen; bei ihm kann er schlafen und erfährt, dass auch Romina und Ludo nach Bariloche gezogen sind. Also machen sich die beiden ebenfalls auf den Weg nach Bariloche, wo sie für den Ingenieur el Alemán als Handwerker an einem Hotel arbeiten. El Alemán, Ehemann und Familienvater, erzählt den Arbeitern regelmäßig von seinen nächtlichen Streifzügen durch die Welt der *travestis*. Diese sucht er auf der Straße auf, um mit ihnen Sex zu haben und sie anschließend genussvoll zu quälen und zu foltern. In dem Erzähler reift der Verdacht, el Alemán könnte für Mairas Verschwinden mitverantwortlich sein. Er beschließt daher, sich in einen *travesti* zu verwandeln, um als Prostituierte von el Alemán aufgelesen und zu Maira gebracht zu werden. Das Ziel seines Plans ist es, Maira zu rächen, indem er el Alemán tötet.

Als el Alemán beginnt, den Protagonisten auf der Straße regelmäßig aufzulesen, gibt der Erzähler seinen Racheplan sukzessive auf und findet sich stattdessen bald in einer neuen Liebesbeziehung wieder. Der Deutsche nimmt den Erzähler schließlich mit in ein weit entferntes Haus

---

107 Siehe Fußnote 101.
108 A.a.O. S. 60.

in den Bergen, wo er ihn immer wieder körperlich misshandelt und gefangen hält. Gleichzeitig pflegt er ihn und kümmert sich fürsorglich um seine entstandenen Verletzungen. Die Schlafmittel und Medikamente, die der Protagonist verabreicht bekommt, lassen ihn von einer glücklichen Familienzusammenführung träumen, in der el Alemán den Vater von Maira und dem Protagonisten verkörpert. Als er schließlich Fotos von gefolterten und getöteten *travestis* entdeckt, fügt sich ihm mehr und mehr das Bild des Verräter-Vaters zusammen, der auch nach seinem Untertauchen noch eine Art Doppelagententum verfolgt. Doch der Drang, Maira zu finden und el Alemán zu töten verebbt langsam im von Drogen beherrschten Delirium des Erzählers. Der Wunsch, die Familie zu finden, scheint hingegen immer greifbarer. Immer öfter träumt und spricht der Protagonist von el Alemán als „papá".

Schließlich kommt es zu einer Operation, während der ein verletzter Fußknöchel des Protagonisten operiert wird und ihm zusätzlich Silikonbrüste implantiert werden. Obwohl Maira weiterhin verschwunden bleibt, gleicht der Protagonist ihr nach dem Eingriff derart, dass er ihre Stelle zu ersetzen scheint und damit seine Suche enden kann.

5.3 Zeit- und Raumachsen im Roman

In *Los topos* werden Erinnerungen nicht schwerpunktartig thematisiert, doch sie begleiten den Protagonisten unaufhörlich in seinem Leben auf eine subtile Weise, die erst auf den zweiten Blick offensichtlich wird. In der nachfolgenden Textanalyse soll untersucht werden, mittels welcher narrativer Verfahren Bruzzone auf der Ebene der *Konfiguration* das individuelle Erinnern inszeniert und somit den Erinnerungsprozess, eine „Mimesis des Erinnerns"[109], hervorruft. Dafür

---

109 BASSELER, Michael/BIRKE, Dorothee: *Mimesis des Erinnerns*. In: *Gedächtniskonzepte der Literaturwissenschaft. Theoretische Grundlegung und Anwendungsperspektiven*. Hg. Astrid Erll/Ansgar Nünning. Berlin: Walter de Gruyter, 2005. S. 123.

werden die Kategorien Zeit- und Raumdarstellungen und die Blick-
winkelstruktur analysiert. Um die Zeitdarstellung systematisch zu untersuchen, wird der Roman nach Genettes Kategorien der Ordnung,
Dauer und Frequenz untersucht, die über die Inszenierung von Zeit
Aufschluss geben können.[110]

5.3.1 Die Zeit

Die Kategorie der Ordnung beleuchtet die zeitliche Abfolge, in der
Ereignisse erzählt werden. Klassischerweise werden dabei oft Analepsen verwendet, wie es auch in *Los topos* häufig der Fall ist: Fast
der gesamte Roman wird aus der Rückblende erzählt. Die Ebene der
Basiserzählung beginnt zu dem Zeitpunkt, als der Erinnerungsprozess eingesetzt hat und umfasst die Erzählzeit der drei letzten Seiten.
Weil diese Analepse demzufolge nahezu die gesamte Rahmenerzäh-
lung abdeckt, scheint sie gegenüber der Basiserzählung dominant zu
sein. Gleichzeitig wird diese Dominanz immer wieder durchbrochen
durch Sätze, die auf die gegenwärtige Informiertheit und Beurteilung
des Erzählers hinweisen, um daraufhin übergangslos wieder in die
Rückblende zu wechseln. So versucht der Erzähler beispielsweise,
Rominas Handlungen aus der Gegenwart heraus nachzuvollziehen:
„Quizá ella [Romina] buscaba ordenar su vida, y la mía, y yo sólo
quería apalearme."[111]

Häufig gibt er seine Sinneswahrnehmungen, die sich auf die vergan-
genen Erlebnisse beziehen, im Präsens wieder; zum Beispiel, wenn er
davon spricht, wie er selbst von seiner Umgebung wahrgenommen wird.
Ganz offensichtlich bezieht sich diese Wahrnehmung nicht nur auf die
Vergangenheit, sondern auch auf die Gegenwart und knüpft damit eine
Verbindung zwischen den beiden Zeitebenen:

La gente, en un primer momento, nunca me entiende, me expreso mal. Y
después tampoco, sólo fingen entender. Yo no sé por qué, pero con Mariano mi

---

110 GENETTE, Gérard: *Die Erzählung*. München: Fink, 1994.
111 BRUZZONE, 2008. S. 27.

murciélago se abrió y hasta pude ver otra vez el lugar donde estaba y entender que él entendía.[112]

Auch wenn er von seinem verstorbenen Großvater spricht, ist er bemüht, dessen Verhalten in der Gegenwart einzuordnen: „Supongo que mi abuelo esperaba que Mario, con el tiempo, se convirtiera para mí en una figura paterna y que ocupara su lugar cuando él ya no estuviera."[113]

Dem erinnernden Erzähler scheint seine emotionale Lage in der Situation der Vergangenheit derart nah, dass er sich präsentisch ausdrückt: Es ist, als ob er die Situation erneut durchleben würde. Auf diese Weise ergibt sich eine starke „Erinnerungshaftigkeit".[114] Der Prozess einer wichtigen Erinnerung drückt sich im Erzählten oft durch das Verwenden des Präsens aus.[115] Dadurch kommt es immer wieder zu einem erneuten Durchleben der Erinnerungen. Diese sind demnach keine abgeschlossenen Ereignisse, sondern haben auf besondere Weise eine je eigenständige Beziehung zur Gegenwart.[116] Hier ist noch einmal auf Tulvings Bild der „mentalen Reise"[117] zu verweisen, mit welchem er beschreibt, wie man während des Erinnerungsprozesses vergangene Ereignisse noch einmal durchlebt.

Basiserzählung und Analepse werden außerdem oft miteinander verknüpft, indem der Protagonist auf das Wesen der Erinnerung oder des Vergessens verweist: „No recuerdo cuándo empezaron las pesadillas"[118] Durch eine solche Aussage wird die Authentizität des Erzählers als

---

112 A.a.O. S. 91.
113 A.a.O. S. 136.
114 BASSELER/BIRKE, 2005. S. 127.
115 Vgl. a.a.O. S. 128.
116 Vgl. Nünning, Ansgar: „'Moving back and forward in time'; Zur Gleichzeitigkeit verschiedener Zeitstrukturen, Zeiterfahrungen und Zeitkonzeptionen im englischen Roman der Gegenwart". In: *Zeit und Roman: Zeiterfahrung im historischen Wandel und ästhetischer Paradigmenwandel vom sechzehnten Jahrhundert bis zur Postmoderne*. Hg. Martin Middeke. Würzburg: Königshausen & Neumann 2002. S. 403.
117 TULVING, 1999. S. 278.
118 BRUZZONE, 2008. S. 31. a.a.O.

Erinnernder ausgedrückt und die „Erinnerungshaftigkeit" inszeniert.[119] Denn zum Wesen der Erinnerungen gehört es, dass sie nicht nach einer Ursache-Folge-Logik auftreten, sondern durch Stimulationen aus der Gegenwart abgerufen werden.

Die Analepsen, die bei Bruzzone nicht chronologisch erfolgen, unterstreichen den planlosen Ablauf des Erinnerns, der an keine (temporäre) Kohärenz gebunden ist. Die achronologischen und selektiven Erinnerungen führen dazu, dass die sich nach und nach vollziehende Verarbeitung von Erinnerungen hervorgehoben wird.[120] Die Lebensgeschichte des Erzählers wird auf diese Weise nicht als eine kohärente, chronologisch logische Aneinanderreihung von Episoden dargestellt. Vielmehr zeichnet sich sein Gedächtnis nach einem „Montageprinzip"[121] ab, das seine Erinnerungen nicht nach Zeit, sondern nach dem Bezug zum Selbst ordnet.

Die Dauer fragt nach dem Verhältnis zwischen erzählter Zeit, die Zeitspanne des erzählten Geschehens, und der Erzählzeit, der Zeitraum der für die Beschreibung verwendet wird (Anzahl der Seiten). Ricœur hält die Differenzierung zwischen Erzählzeit und erzählter Zeit für nicht ausreichend. Er unterscheidet im Gegensatz zu Genette zwischen der Quantität und der Qualität der erzählten Zeit. Denn die Differenzierung zwischen „Übergängen" und „Zwischenepisoden" sind nicht einzig quantitativer, sondern auch qualitativer Natur.[122] Der Übergang von der Quantität zur Qualität der erzählten Zeit wird erst „durch die Beziehung der Erzählzeit zur Lebenszeit vermittels der erzählten Zeit" möglich.[123] Sowie die Ebene der Konfiguration nicht die Wirklichkeit authentisch abbildet, muss auch die erzählte Zeit

---

119 Vgl. BASSELER/BIRKE, 2005. S. 127f.
120 Vgl. a.a.O. S. 126.
121 WELZER, Harald: Das kommunikative Gedächtnis. Eine Theorie der Erinnerung. München: C.H. Beck, 2002. S. 38.
122 Vgl. RICŒUR, Paul: *Zeit und Erzählung*. Bd. II. München: Fink, 2007. S. 134.
123 Ebd.

nicht nur im textimmanenten, sondern auch im Bezug zur präfigurierten Welt verstanden werden.

In *Los topos* ist das Verhältnis von erzählter Zeit zu Erzählzeit auffallend: Beide Kapitel erstrecken sich über genau 89 Seiten, sind aber nicht proportional zueinander. Die erzählte Zeit des ersten Kapitels in Buenos Aires umfasst eine sehr viel längere Zeitspanne, da sie mit der Kindheit des Protagonisten beginnt und mehrere Jahrzehnte umspannt. Die Kindheit wird jedoch in wenigen Seiten zusammengefasst und sein Leben wird erst wieder ausführlicher beschrieben, als er Jahre später seine Freundin Romina kennenlernt. Die erzählte Zeit in Bariloche umfasst hingegen nur ein Jahr: Der Protagonist erreicht Bariloche zum Ende des Winters bei starkem Schnee und der Roman endet ebenfalls im Schnee. Der erste Teil der Erzählung in Buenos Aires und Umgebung wird im Gegensatz dazu stark gerafft. Das trifft zum Beispiel auf den Tod des Großvater zu: Von der Erwähnung der Totenwache bis zum Einzug in die neue Wohnung in Buenos Aires vergeht keine Seite. Und auch der Tod der Großmutter, der einzigen übrigen nahen Verwandten des Erzählers, wird nicht kommentiert. Allerdings dient er als Zeitangabe, die den Beginn der von nun an immer häufiger auftretenden Alpträume datieren. Die Zeit in Bariloche ist bei gleicher Erzählzeit detailreicher und demnach erinnerungswürdiger für das erinnernde Ich. Das Augenmerk liegt demnach auf der Zeitspanne, die der Gegenwart näher ist.

In die Kategorie der Frequenz gehört die Häufigkeit, mit der erzählt wird. Von Bruzzone wird die wiederholende Darstellung von ähnlichen Erinnerungen – das iterative Erzählen – genutzt, um mehrere einzelne Ereignisse zu einem „typischen" Ereignis zu bündeln. Bruzzone inszeniert dies, indem er den Protagonist während unterschiedlicher Lebenslagen sich daran erinnern lässt, dass seine Eltern verschwunden sind und er sich somit nirgendwo wirklich zugehörig fühlen kann:

> Mientras volvía me sentí un intruso en la vida de todos. Algo parecido me había pasado siendo vagabundo, albañil, repostero, todas ocupaciones que pude llevar adelante pero que en realidad habían sido casilleros de una grita

administrativa, algo que nunca es del todo fiel a la verdad. De hecho, nunca tuve la oportunidad de completar en forma correcta la parte de los formularios donde dice padres, ocupación de los padres y todo e porque siempre está la opción „fallecido" pero nunca la opción ‚desaparecido'.[124]

Immer wenn der Erzähler dazu gezwungen ist, sich formhalber über seine Eltern zu erklären, stellt sich die gleiche quälende Frage nach dem Schicksal seiner Eltern, die ihn nicht ruhen lässt.

5.3.2 Der Raum

> In seinen tausend Honigwaben speichert der Raum verdichtete Zeit. Dazu ist der Raum da.[125]

Auch der Raum kann für eine Erzählung der Zeit genutzt werden, indem zum Beispiel dessen Beständigkeit oder dessen Veränderung über die Zeit dargestellt wird. Räume können neben mimetischen Abbildungen der außertextuellen Realität auch einen Speicher der Erinnerung darstellen. Dabei ist von einer „Verzeitlichung des Raums"[126] die Rede, wenn eine Figur zum Beispiel an einen Ort kommt, an dem sie schon einmal war. Dieser Raum ist für die Figur mit Bedeutung aufgeladen: Es ist zwar der gleiche geblieben, dennoch hat die Zeit entweder den Raum oder die Figur oder beide verändert. Die Figur hat Erinnerungen an den Ort, die sich ihr durch die Konfrontation auftun: Der Raum wird verzeitlicht. Es verknüpfen sich demnach nicht nur Raum und Zeit, sondern auch zwei Zeitebenen miteinander. Bruzzone stellt dies dar, indem er seinen Protagonisten zum Haus seiner Kindheit in Moreno zurückkehren lässt. Von der Reise in die Vergangenheit verspricht sich der Protagonist paradoxerweise die Zukunft: „Un paso hacia atrás que permitiría dar muchos hacia adelante."[127]

---

124 BRUZZONE, 2008. S. 132.
125 BACHELARD, Gaston: *Poetik des Raumes*. Frankfurt am Main: Fischer, 1992. S. 35.
126 Vgl. NÜNNING, Ansgar: *Von historischer Fiktion zu historiographischer Metafiktion*. Bd. II. Trier: WVT, 1995. S. 157.
127 BRUZZONE, 2008. S. 39.

Der Rückzug in das Haus in Moreno, in dem er sich die ersten Wochen einsperrt, bedeutet den Beginn seiner Suche nach der Wahrheit. Er beginnt Maira zu suchen und erkennt schließlich, dass die Suche nach ihr auch die Suche nach seinem Bruder ist. Um den Bruder zu finden, beginnt er, Nachforschungen über seine Mutter anzustellen, die jedoch im Sande verlaufen. Schließlich entdeckt er Maira tatsächlich in Moreno, die ausgerechnet im Ort seiner Kindheit eine Wohnung bezogen hat. Bei all dem verhält sich der Protagonist – auch wenn er das negiert – nicht sehr anders als seine Großmutter, die mit ihm „in posttraumatischer, rezidiver Guerilla-Haltung"[128] in Buenos Aires direkt gegenüber der ESMA in eine Wohnung gezogen war. Er zieht intuitiv an einen Ort, mit dem er unbewusst Familie verbindet. Dieser Raum kann für ihn kein anderer sein als der seiner Kindheit. Das Haus in Moreno ist verändert und aus Mangel an Lelas Pflege sehr heruntergekommen. So ist die Kürbispflanze, die ihn in seiner Kindheit versteckte und beschützte, nicht mehr da. Statt ihrer wächst dort nur noch Unkraut.[129] Trotzdem scheint die vertraute Umgebung auf den Protagonisten beruhigend zu wirken, denn seine Alpträume werden zahmer.[130] Das Haus in Moreno stellt nach dem Verlust der Familie den letzten vertrauten Rückzugsraum dar und steht im krassen Gegensatz zu der Wohnung in Buenos Aires, die den Protagonisten täglich mit dem Schicksal der Eltern konfrontiert hat.

Dabei muss die Verzeitlichung des Raumes allerdings nicht nur auf Räume zutreffen, die aus der Vergangenheit bereits bekannt sind. Auch fremde Räume können eine neue Form der Zeit darstellen. So könnten die beiden Schauplätze Buenos Aires und Bariloche kontrastreicher nicht sein. Denn in Bariloche nimmt die Geschichte die entscheidende Wende. Auch wenn er noch immer derselbe Erzähler ist, so verändert er sich in Bariloche und mit ihm alles um ihn herum. Während der Protagonist in Buenos Aires ein selbständiges Leben führt, verliert er

---

128 BOLTE, 2012. S. 265.
129 BRUZZONE, 2008. S. 40.
130 A.a.O. S. 42.

in Bariloche die Kontrolle über sein Leben und seinen Körper. Zu der räumlichen Veränderung kommt der zeitliche Unterschied hinzu. Es ist, als ob Bariloche außerhalb jeder Zeitlichkeit läge. In den eingeschneiten Bergen Bariloches scheint man von jeder zeitlichen Ebene abgeschottet zu sein. Dadurch wird der Übergang in die nun einsetzende traumähnliche Existenz des Protagonisten verstärkt. Die Zeit dort verbringt er, von Schlaf- und Schmerzmitteln sediert, vor allem mit (Tag)träumen und Phantasien, in denen seine verschwundenen Familienmitglieder wieder zueinander finden oder sich neue Familienkonstellationen auftun. Obwohl ein chronologischer Zeitrahmen existiert, scheint es, als ob das subjektive Zeitbewusstsein des Protagonisten das ausschlaggebende sei.

5.3.3 Die Blickwinkel

Die Rahmenhandlung wird aus einer späteren Narration vom namenlosen intradiegetisch-homodiegetischen Erzähler berichtet. Dies kann jedoch nicht über die Tatsache hinwegtäuschen, dass sich Erzähler und Protagonist des Romans auf unterschiedlichen Informationsebenen befinden. Es gibt ein Spannungsverhältnis zwischen dem erlebenden Ich, dem Held, und dem erzählenden Ich, dem Erzähler. Bruzzone nutzt die Literatur als Darstellungsform des Gedächtnisses aus, indem er die beiden unterschiedlichen Bewusstseinszustände des erzählenden und des erlebenden Ichs kontrastiert. Die Beschäftigung mit Ich-Erzählinstanzen ist daher immer auch eine Beschäftigung mit der literarischen Inszenierung von Erinnerungen.[131]

Die ständige Rückblende wird immer wieder durch weiter zurückreichende Analepsen unterbrochen, die in die Kindheit des Erzählers zurückreichen. Es werden dem Leser auf diese Weise verschiedene Perspektiven aufgezeigt und folgewichtige Informationen oft erst im Nachhinein eröffnet. Damit kann sich ein zusammenhängendes Bild der Lebensgeschichte des Erzählers erst nach und nach vervollständigen. Erst, als sich

---

131 ERLL/NÜNNING, 2003, S. 18.

der Protagonist in Bariloche auf die Suche nach el Alemán begibt, wird in einer Rückblende erklärt, dass sein Vater der Verräter der Mutter, ein Folterer und Doppelagent ist:

> En realidad era imposible saber algo de papá, en casa nunca habían hablado y, si lo hacían, era para ejercitar o perfeccionar insultos. Desde ,tibio' hasta ,asesina' podían escucharse variantes de ,traidor' – ,espía', ,infiltrado', ,filtro', ,fru-fru', ,mal parido', ,hijo de puta', ,hijo de un vagón de putas', ,conchudo hijo de re mil'.[132]

Erst diese Information lässt den Rezipienten verstehen, dass es sich bei el Alemán nicht nur um einen Folterer und *topo* handelt. Es eröffnet sich auch die Möglichkeit, dass der Protagonist seinen vermeintlichen Vater in ihm erkennt.

Durch die vielen Überlagerungen ist es nicht immer einfach zu erkennen, wann das erzählende und wann das erlebende Ich dominant ist. Demzufolge lässt sich auch nicht klären, was der Protagonist erinnert und was tatsächlich Vergangenheit ist. Wie bereits in den Kapiteln vorab erklärt, wird die Erinnerung aus verschiedenen Quellen konstruiert. Wenn vermehrt direkte Reden vorkommen, der Protagonist also im Vordergrund steht, unternimmt Bruzzone den Versuch, eine besonders leibhaftige Illusion der Realität abzubilden. Gleichzeitig nimmt sich der Erzähler in diesen Szenen mehr zurück. Die vielen Dialoge sowie zahlreiche Details, weisen darauf hin, dass es sich im Großteil des Romans um ein erlebendes Ich handelt. Das erlebende Ich vergisst im Gegensatz zum erzählenden Ich die Instanz des Erzählens weitgehend und durchlebt die Erinnerungen in einem „dramatischen Modus"[133] scheinbar noch einmal. Trotzdem ist festzuhalten, dass beide Instanzen koexistieren, das erlebende Ich jedoch tendenziell die Überhand hat. Durch diese Darstellung wird besonders deutlich, dass es keinen Unterschied zwischen Vergangenheit und Gegenwart für den Protagonisten gibt. Da noch

---

132 BRUZZONE, 2008. S. 133.
133 GENETTE, 1994. S. 222.

keine Distanz zur Verganenheit hergestellt wurde, kann auch die erzählerische Distanz nicht aufkommen. Diese Tendenz wird aber immer wieder durchbrochen, wenn sich das erzählende Ich wieder durchsetzt.

Um die verschiedenen Blickwinkel der Erinnerung zu unterscheiden, bietet sich eine zusätzliche Differenzierung zwischen Felderinnerungen und Beobachtererinnerungen an, mit denen sich Freud auseinander gesetzt hat. Danach bezeichnet eine Beobachtererinnerung eine äußere Perspektive, wie sie zum Beispiel für Kindheitserinnerungen typisch ist. In *Los topos* haben wir es hingegen die meiste Zeit mit Felderinnerungen zu tun, um bei Freud zu bleiben. Die Perspektive hier ist nicht konstruiert, sondern bleibt nah am Geschehen und erscheint dadurch emotionaler.[134]

Die erzählende Instanz ist dem erlebenden Ich stets an Wissen und Moral überlegen. Der Handelnde ist nach Nietzsche „immer gewissenlos", denn er ist „wissenlos"[135]. Er kann sich zum Zeitpunkt seiner Handlung nicht annährend aller Konsequenzen bewusst sein, da er von den künftigen Folgen noch nichts weiß. Der Vorsprung, den das erzählende Ich dem erlebenden Ich voraushat, hat Auswirkungen auf den Identitätsprozess des Protagonisten. Denn durch die Schilderung und Analyse der Erinnerungen reift im Protagonisten auch eine narrative Identität, die durch die häufigen Transformationen, Umkehrungen und Tranvestismen in *Los topos* verhindert wird. [136] Das erzählende Ich muss seine eigene Identität im Dialog mit seinem Ich aus der Vergangenheit formieren. Da das erzählende Ich aber nicht nicht in der Lage ist, seine Erinnerungen in adäquater Weise in Beziehung zu seinem aktuellen Zustand zu bringen, ist die Stabilität seiner Identität gefährdet. Die fehlende Verbindung

---

134 Ebd.
135 NIETZSCHE, Friedrich: *Unzeitgemäße Betrachtungen*. Neuafl. München: Goldmann, 1999. S. 81.
136 Vgl. QUANTE, Michael/STRAUB, Jürgen: „Identität." In: *Gedächtnis und Erinnerung. Ein interdisziplinäres Lexikon*. Hg. Pethes, Nicolas/Ruchatz, Jens. Reinbek bei Hamburg: Rowohlt 2001. S. 269.

zur Vergangenheit gibt Aufschluss über dessen emotionale Unsicherheit, die in seiner Tramatisierung endet.[137] Tatsächlich nehmen die Analepsen und Bezüge zur Gegenwart zum Ende der Geschichte stark ab. Es ist dem Protagonisten unmöglich, das Vergangene kohärent und identitätsstiftend zu integrieren. Die verstörenden Rekonstruktionen lassen ihn in eine Parallelwelt abdriften, in der die Phantasien von einer neuen Zukunft die Oberhand gewinnen.

Zur Frage der Erinnerung gehört auch die Frage nach der Verlässlichkeit des Erinnernden. Innerhalb der Forschung ist man mittlerweile vom Begriff des *unreliable narrators* etwas abgerückt, da eine vollkommen wertfreie Perspektive kaum möglich zu sein scheint.[138] Bedenkt man zum Beispiel, dass ein Erzähler direkte Reden „aus dem Gedächtnis" zitiert, scheint es kaum möglich, einen solchen Dialog fehlerfrei wiederzugeben. Wahrscheinlicher ist es, dass der Erzähler sinngemäß zitiert und die Aussagen einer späteren Interpretation angepasst werden. Jeder Erzähler ist mehr oder weniger subjektiv und selektiert nach gewissem Muster seine Erinnerungen. In *Los topos* findet man im Grunde keine Anzeichen dafür, dass der Erzähler im klassischen Sinn auf faktischer Ebene unzuverlässig ist. Doch aus psychologischer Sicht befindet sich der Erzähler tatsächlich in einer Lage, die für den Leser als nicht zuverlässige Quelle betrachtet werden kann. Als er im Haus in Bariloche ist und die Welt um sich herum nur noch im Delirium wahrnimmt, sind seine Aussagen nicht mehr mit der Realität kongruent. Wenn der Protagonist mit seinem Folterknecht deren dreimonatiges Jubiläum feiert[139], wird ersichtlich, wie paradox die Wahrnehmung seiner Gefangenschaft in Bariloche ist. Da sich der Protagonist auf den letzten Seiten außerdem nur noch im Delirium befindet, ist davon auszugehen, dass er weder seine Realität zum Zeitpunkt des Erlebens korrekt wahrnimmt, noch sie in der späteren Erinnerung wirklichkeitsgetreu wiedergeben kann. Man muss daraus schließen, dass sich hier verstärkt Erinnerungslücken für den Erzähler ergeben.

---

137 NEUMANN, 2008. S. 336f.
138 BRUZZONE, 2008. S. 140.
139 A.a.O. S. 162.

Durante la recuperación – que no sé cuánto duró porque tenía que tomarme algo para dormir –, pude ver cómo los colores de las paredes iban cambiando. [...], pero la verdad es que no puedo estar seguro de nada de lo que pasó en esos días.[140]

Nicht zu unterschätzen ist außerdem die Tatsache, dass der Verdacht um den verschwundenen Bruder, der die Suche ausgelöst hat, auf die Aussage der Großmutter Lela zurückzuführen ist. Da wenige Informationen über sie vorliegen, lässt sich schwer über ihre Verlässlichkeit urteilen. Allerdings gibt es Grund zur Annahme, dass sie in ihrer Besessenheit eine zweifelhafte Quelle darstellt. Es ist weder für den Erzähler noch für den Rezipienten nachzuvollziehen, ob sich die Großmutter in einen Wunsch hineinsteigert oder ihre Vermutung tatsächlich begründet ist. Falls die Annahme der Großmutter falsch sein sollte, ist auch der Protagonist auf der Suche nach jemandem, den es nicht gibt. Ein Kennzeichen für zeitgenössische (Erinnerungs-)Literatur ist es, die Unzuverlässigkeit des Erzählers gerade zum zentralen Punkt zu erklären. Hierbei werden vor allem Erinnerungslücken dargestellt, um die Utopie einer vollkommen zuverlässigen oder unzuverlässigen Erinnerung aufzudecken.[141] Daher kann auch gerade die Umkehr ins Gegenteil, die Lenkung ins Ungewisse, eine realitätsgetreue „Mimesis des Erinnerns" darstellen. Im Fall von Los topos geht mit der Ungewissheit über den Ursprung der Geschichte auch die Thematik der Verschwundenen einher. Das Verschwinden per se zeigt offensichtliche Parallelen auf. Denn auch der Memoria-Diskurs wird von der großen Unsicherheit und dem Unwissen über das Schicksal der *desaparecidos* beherrscht.

5.4 Die Motive

Inwiefern das brüchige und unzuverlässige Erzählen von Bruzzone memoria-spezifisch inszeniert und sogar auf die Spitze getrieben wird, soll in den folgenden Kapiteln anhand der zentralen Motive untersucht

---

140 A.a.O. S. 159.
141 BASSELER/BIRKE, 2005. S. 141.

werden, derer er sich bedient, um die Erinnerung des Protagonisten und die Suche nach seiner Identität darzustellen. Dafür werden im Besonderen die Motive des Verschwindens, der travestis, der Familie und der Träume im Kontext des Memoria-Diskurses beleuchtet.

5.4.1 Die Familie

Der Protagonist ist durch seine Erlebnisse aus der Kindheit, nämlich das plötzliche Verschwinden der Eltern, traumatisiert. Der Fachterminus für eine derartige Traumatisierung lautet „Posttraumatische Belastungsstörung". Laut ICD-10[142] entsteht diese

> als eine verzögerte oder protrahierte Reaktion auf ein belastendes Ereignis oder eine Situation kürzerer oder längerer Dauer, mit außergewöhnlicher Bedrohung oder katastrophenartigem Ausmaß, die bei fast jedem eine tiefe Verzweiflung hervorrufen würde [...] Typische Merkmale sind das wiederholte Erleben des Traumas in sich aufdrängenden Erinnerungen (Nachhallerinnerungen, Flashbacks), Träumen oder Alpträumen, die vor dem Hintergrund eines andauernden Gefühls von Betäubtsein und emotionaler Stumpfheit auftreten.[143]

Psychoanalytische Studien zeigen, dass frühkindliche Traumatisierungen besondere Abwehrmechanismen hervorrufen. Diese Abwehr äußert sich in der Verschmelzung von Subjekt und Objekt, um so die Verbindung zum geliebten Objekt zu bewahren.[144] Da der Protagonist ohne seine Eltern aufwächst, hat er keine „Selbstrepräsentanzen" entwickeln können.[145] „Selbstrepräsentanzen" sind Strukturen, die die Selbstwahrnehmung in der Interaktion mit wichtigen Bezugspersonen sowie in der phantasierten Interaktion mit diesen, den Objektrepräsentanten, widerspiegeln.[146]

---

142 Internationale Klassifikation der Krankheiten.

143 Internationale Klassifikation der psychischen Störungen: ICD-10. Kapitel V (F). 8., überarb. Aufl. Hg. Horst Dilling. Bern: Huber, 2011. F43.1.

144 Vgl. HENNINGSEN, Franziska: „Konkretistische Fusion, Agieren und Symbolisieren. Zum psychoanalytischen Prozeß bei schwerem frühkindlichen Trauma". In: *Psyche* 11 (2008). S. 1148.

145 A.a.O. S. 1150.

146 Vgl. KERNBERG, Otto: *Borderlinestörung und pathologischer Narzißmus*. Frankfurt am Main: Suhrkamp, 1978. S. 358.

Sie sind elementar für die Bildung der eigenen Selbstwahrnehmung und Identität. Da weder Mutter noch Vater zur Ausbildung der inneren Objektrepräsentanten dienen konnten, reagiert der Protagonist, indem er die Objekte, Mutter und Vater, introjiziert. Das heißt, das „Trauma des Kindes ist zugleich das Trauma der Mutter und umgekehrt [...]"[147]

Diese fehlende Verbindung ist der Grund, warum der Protagonist stets auf der Suche nach einer symbolträchtigen Beziehung ist. Dabei geht er geradezu kriminologisch vor. Jede Beziehung bewegt sich für ihn zwischen kindlicher und sexueller Liebe. Jedes Verhältnis, das er knüpft, wird somit in einen familiären Kontext gesetzt. Sowohl gegenüber Romina, Maira und zuletzt el Alemán empfindet er inzestuöses Begehren, das sich aus seiner Sehnsucht nach einer funktionierenden Familie speist. Er hat den starken Wunsch, eine dauerhafte Beziehung aufzubauen. Dieser Wunsch wird jedoch niemals erfüllt, da die geliebte Person ihn entweder verlässt oder verschwindet. Als der Protagonist Romina eine halbe Stunde kennt, hat er bereits das Gefühl, sie wären Geschwister.[148] Hinzu kommt die Tatsache, dass sich Romina durch die Arbeit bei der ESMA „an den Ort des imaginierten Geschwisterkindes des Freundes begibt."[149] Durch diesen Akt wird dem Protagonisten Rominas geschwisterliche Loyalität suggeriert.

In der Nacht, in der Romina schwanger wird, streiten die beiden zuvor über das mangelnde Engagement des Protagonisten bei HIJOS. Von Romina geht ein Versuch auf zwei Ebenen aus, den Protagonisten in einen familiären Kontext einzubetten. Als der Protagonist weder an einer politischen (HIJOS) noch an einer biologischen Familie Interesse zeigt, entscheidet sie sich, das Kind abzutreiben. Offensichtlich ist der Protagonist unfähig, eine Familie aufzubauen,[150] obwohl es das ist, was er bis

---

147 HENNINGSEN, 2008. S. 1161.
148 BRUZZONE, 2008. S. 15.
149 BOLTE, 2012. S. 267.
150 PORTELA, Edurne M.: „‚Como escritor, no me interesa tomar partido': Félix Bruzzone y la memoria anti-militante". In: *Contra corriente. Una revista de historia social y literatura de America Latina.* Bd. 7 (2010). S. 178.

zum Ende des Romans versuchen wird. Es bleibt unklar, ob Romina das gemeinsame Kind tatsächlich abtreibt. Fest steht aber, dass das Thema der Abtreibung den Protagonisten in seinem späteren Leben weiter begleiten wird. Fast scheint sie ein Indiz für die noch zu erlebende Gewalt im Leben des Protagonisten zu sein. So wie einst der terroristische Staat die Eltern verschwinden ließ, haben nun Romina und er die Möglichkeit, ein Leben zu manipulieren oder gänzlich verschwinden zu lassen.

Das Schicksal des Protagonisten besteht also darin, sich nach einer Familie zu sehnen und doch nicht in der Lage zu sein, zu einer zu gehören. Als er die beiden Familien, die sich ihm eröffnen, ablehnt und die Großmutter als letzte nahe Verwandte stirbt, glaubt er, in Maira eine Seelenverwandte gefunden zu haben und stürzt sich in die neu entstandene Beziehung. Maira bringt er uneingeschränktes, familiäres Vertrauen entgegen. Auch sie wird von ihm bald zur Schwester erklärt und es scheint, als müsse er seine zerbrochene Beziehung zu Romina mit einer noch intensiveren kompensieren. Unmittelbar nach dem Tod der Großmutter gipfelt die Beziehung zu Maira in der maximalen körperlichen Verbindung, da er auch eine sexuelle Beziehung zu ihr eingeht. Nicht zuletzt kann das als Versuch erkannt werden, sie noch stärker an sich zu binden.

Der Identitätskonflikt des Protagonisten ist gerade deswegen besonders komplex, weil er mit beiden Objekten, den Elternteilen, fusioniert ist: Der Vater als Täter und seine Mutter als Opfer der Geschichte. Diese Ambivalenz kann von ihm nie überwunden werden, denn die „Identifikation mit dem Aggressor konkurriert mit der Identifikation mit dem Opfer."[151] Vor allem die Figur des Vaters ist vielschichtig: Der vermeintlich wieder gefundene Vater el Alemán missbraucht noch immer sozial Subversive. Der Protagonist kann sich bis zum Ende nicht von seinem Vater distanzieren, obwohl er von ihm geschlagen und missbraucht wird. Diese Abhängigkeit des Protagonisten gegenüber seiner Vaterfigur ist durch einen „Loyalitätskonflikt" zu erklären, dem er nicht entkommen

---

151 KESTENBERG, J.S.: „Neue Gedanken zur Transposition. Klinische, therapeutische und entwicklungsbedingte Betrachtungen". In: *Jahrbuch der Psychoanalyse. Beiträge zur Theorie und Praxis* 24 (1989). S. 170.

kann. Gegenüber den Eltern und der Familie entwickeln Kinder eine ganz besonders starke Loyalität, die als unsichtbare Verbindung fungiert. Mit den Eltern und deren Handlungen und Umwelt ist man unweigerlich tief verknüpft. Diese Haltung dient für den Einzelnen auch als Identifizierung mit der Gruppe. Der Familientherapeut Ivan Boszormenyi-Nagy hat das Prinzip der Loyalität folgendermaßen zusammengefasst:

> Die unsichtbaren Fasern der Loyalität sind in der Blutsverwandtschaft, der Erhaltung biologischen Lebens und der Sicherung des Fortbestehens der Familie auf der einen, in den erworbenen Verdiensten der Mitglieder auf der anderen Seite verankert.[152]

Der Psychotherapeut Müller-Hohagen, der in zahlreichen Studien die seelischen Nachwehen von Holocaustüberlebenden und deren Nachkommen untersucht hat, macht auf den massiven Loyalitätskonflikt aufmerksam, den die zweite Generation gegenüber ihrer Familie erfahren kann. Es existiert demzufolge eine uneingeschränkte Loyalität gegenüber der Familie, die selbst dann noch andauert, wenn Missbrauch und Misshandlung innerhalb der Familie ausgeübt worden sind. Kinder von Gewalttätern bauen eine Bindung zu ihren Eltern auf, weil sie schlicht und ergreifend ohne diese Bindung nicht überleben würden. Eine Distanzierung zum gewalttätigen Elternteil ist daher nicht obligatorisch. Ganz im Gegenteil, durch einen Missbrauch entwickelt sich nicht selten eine besonders starke Abhängigkeit, die ein ganzes Leben lang existieren kann.[153] In dem Falle spricht man von einer „gewaltinduzierten Loyalität", die sich durch massive Gewaltausübung entwickelt.[154]

---

152 BOSZORMENYI-NAGY, Ivan/Spark, Geraldine M.: *Invisible loyalities. Reciprocity in intergenerational family therapy.* Hagerstown [u.a.]: Medical Department Harper & Row, 1973. S. 84.

153 MÜLLER-HOHAGEN, J.: *Seelische Weiterwirkungen aus der Zeit des Nationalsozialismus – zum Widerstreit der Loyalitäten.* In: *Unverlierbare Zeit. Psychosoziale Spätfolgen des Nationalsozialismus bei Nachkommen von Opfern und Tätern.* Hg. K. Grünberg/J. Straub. Tübingen: Edition discord, 2001. S. 106.

154 A.a.O. S. 113.

Die Loyalität des Protagonisten geht soweit, dass er seinen ursprünglichen Racheplan umwirft und den Peiniger zum Liebesobjekt erhebt. Dafür gibt es vorab verschiedene Vorboten, die auf das ambivalente Verhältnis zur Vergangenheit hinweisen:

A veces hasta pensaba en pedirle a Lela los papeles del auto – le podía decir que había que hacer un trámite, inventarle un nuevo impuesto para autos de más de veinte años, algo así – venderlo, comprar un Falcon y salir con mis amigos a secuestrar militares.[155]

Für Rike Bolte bedeutet die Erwähnung des Falcons den Beginn der Erotisierung.[156] Der Ford Falcon, im Besonderen der grüne Falcon, ist während der argentinischen Diktatur zum Symbol für den staatlichen Terror geworden. Wurden Entführungen oder Verhaftungen durchgeführt, war fast immer auch der Falcon mit im Einsatz. Ähnlich verhält es sich in einer anderen Szene, in welcher der Protagonist von seinen ersten Streifzügen durch die Straßen der Transvestiten erzählt, fasziniert von den doppeldeutigen Wesen schwärmend:

Ver a esas chicas, las curvas perfectas, los cuerpos que eran como cuerpos dobles, doble piel, doble intensidad, sensualidad desenfrenada, todo eso, me llevaba a levantarlas sind pensar, pagar, sentir que mi vida subía a las nubes y se quedaba un rato allá, bien arriba, nubes altísimas, colchones brillantes, carne electrizada por el calor intenso del sol [...][157]

Auch hier zeigt sich wieder ein Verweis auf Erinnerungen aus der dunklen Vergangenheit. Die „carne electrizada" ist eine Anspielung auf die während der Folterungen übliche Praxis der „picana electrica", bei der die Gegner des Regimes mit Elektroschlägen gequält wurden. Dass das elektrisierte Fleisch hier Ausdruck des Genusses ist, verdeutlicht das ambivalente Verhältnis des Protagonisten zu Folterern und

---

155 BRUZZONE, 2008. S. 17.
156 BOLTE, 2012. S. 268f.
157 BRUZZONE, 2008. S. 17.

deren Gewaltanwendungen. In der Verbindung zwischen dem Protagonisten und el Alemán wird die „Erotisierung von Tätertypen"[158] schließlich am deutlichsten dargestellt:

> Yo convertido en la chica hermosa y el Alemán en el horrible verdugo ajusticiado en una obra de una acto único de justicia hermosa: el primer paso hacia el hallazgo de mi verdad familiar y de todas las verdades posibles.[159]

Die inzestuöse Liebesbeziehung zwischen Folter-Vater und Protagonist erinnert an Verhältnisse zwischen ehemaligen Folterknechten und deren Opfern während Diktaturzeiten.[160] Diese komplexe Verknüpfung rührt vor allem auch aus der Doppeldeutigkeit, die dem Vater zuteil wird. Bereits in der Vergangenheit hat dieser sich als Doppelagent ausgezeichnet. Und auch in der Gegenwart lebt der scheinbar harmlose Familienvater el Alemán – dies ist jedenfalls die Perspektive der Haushälterin Amalia – ein dunkles Doppelleben, indem er nachts *travestis* quält. Der einst verschwundene Vater scheint tatsächlich nicht verschwunden zu sein, sondern ist auch im 21. Jahrhundert noch immer ein Folterknecht. Er missbraucht und foltert seinen eigenen Sohn und hat höchstwahrscheinlich Maira ermordet.[161]

Der Protagonist kann tatsächlich erst dann Ruhe und Liebe finden, als er vom Verräter-Vater verschwunden, gefoltert und gedemütigt wird.[162] Erst in der postdiktatorischen Verkehrung kann er Gerechtigkeit finden. Ein Aspekt, der hier eine Rolle spielt, ist die Frage nach der Schuld. Überlebende eines Traumas entwickeln oft ein Schuldgefühl gegenüber denen, die nicht überlebt haben. Wer sich mit einem „Überlebendenschuldgefühl" quält, der findet für sich oft nur darin Gerechtigkeit,

---

158 BOLTE, 2012. S. 269.
159 A.a.O. S. 143.
160 BOLTE, 2012. S. 276.
161 DRUCAROFF, Elsa: Los prisioneros del la torre. Política, relatos y jóvenes en la postdictadura. Buenos Aires: Emecé, 2011. S. 377.
162 A.a.O. S. 240.

indem er sich selbst mit den Mitteln bestraft, die in der bedrohlichen Situation einst zur Verfolgung dienten. Diese Thematik wird vor allem von W.G. Niederland in zahlreichen Studien über das Schuldgefühl von Überlebenden verhandelt.[163]

5.4.2 Das Verschwinden

Das Verschwinden in jeglicher Form stellt sich in *Los topos*, auch der Titel macht dies deutlich, als perpetuierendes Motiv im Roman dar. Es zeugt von der Verbindung zur Vergangenheit, denn es erinnert kontinuierlich an das erzwungene Verschwinden der Eltern und die Abwesenheit des Bruders. Aus psychoanalytischer Perspektive kann man hier von einer sich immer wieder aktualisierenden Retraumatisierung des Protagonisten sprechen. Schmerzhafte Erinnerungen werden durch ähnliche Erlebnisse in der Gegenwart stets wiederholt.

Der Roman beginnt mit einer Analepse, in welcher der Erzähler selbst zum ersten Mal verschwindet, als er sich zwischen den Kürbisblättern im Garten seiner Großeltern versteckt. Hier hört er von der Vermutung seiner Großmutter, er habe einen Bruder. Es wird deutlich, dass das Wissen um die Wahrheit nur anderen, den Großeltern, und nicht ihm selbst vorbestimmt ist. Um diese ihm vorbehaltene Wahrheit zu erfahren, versteckt er sich im Garten und trotzt in seiner kindlichen Phantasie den Gefahren des Krieges. In seinem Versteck, das Schicksal der Verschwundenen imitierend, beobachtet er die Großeltern im Gespräch über die Vergangenheit:

Mi abuela Lela siempre dijo que mamá, durante el cautiverio en la ESMA, había tenido otro hijo. Varias veces la oí discutir del tema con mi abuelo. Ellos se iban

---

163 Vgl. z.B. NIEDERLAND, W.G.: „The The problem of the survivor". In: *Journal of the Hillside Hospital* 10 (1961). S. 233–247; Ders.: „Ein Blick in die Tiefen der ,unbewältigten' Vergangenheit und Gegenwart". In: *Psyche* 20 (1966). S. 466–476; Ders.: „The survivor syndrome: Further observations and dimensions". In: *Journal of the American Psychoanalytic Association* 29 (1981). S. 413–425.

al fondo, al zapallar, y hablaban de todo lo que yo no tenía que saber. Pero a veces me escondía entre las hojias de los zapallos, que para mí eran un lugar de juego, yo soldado, refugiado vietnamita, yarará, zapallo, la fuerza de las plantas crecía a mi alrededor, explosión lenta y duradera, y cuando mis abuelos llegaban para hablar los escuchaba. Hasta que un día me descubrieron, qué hacés allí, dijo mi abuelo – él decía ,allí' –, la voz ronca de enojo, una de las cosas que más me acuerdo de él, yo como no dije nada se fueron a seguir a otra parte.[164]

Der Bezug auf Vietnam, das Anschleichen und Verstecken des Erzählers verweisen nach Bolte sowohl auf die argentinische Guerilla als auch auf die „infantile Memoria-Pirsch der historischen Gegenwart des Romans."[165] So wird eine Szene wie aus Diktaturzeiten dargestellt, in der das Memoria-Verlangen des Erzählers mit der „Erinnerungsnotwendigkeit" der Großeltern zusammengeführt wird. Die „Dschungel-Topik"[166] stellt sowohl eine Reminiszenz an Guerilla-Zeiten als auch eine Verknüpfung zur Survivor-Show *Lost* dar. Der Protagonist erlebt sich als kämpferisch, wenn er sich mit einem vietnamesischen Soldaten oder einer Klapperschlange vergleicht, sich dann wiederum als Kürbis empfindet, der nichts weiter als ein gezüchtetes, passives Lebewesen ist. Dieses symbolhafte Ereignis kann als vorausschauendes Szenario erkannt werden, das die zukünftigen Erinnerungen und somit das Leben des Protagonisten bestimmen wird.[167] Anhand des kriegsähnlichen Zustands wird deutlich, dass dessen detektivische Suche keine einfache Aufgabe sein wird.

Die Suche findet ihren Höhepunkt, als die Großmutter bereits gestorben ist und auch Maira verschwindet. Damit sind alle dem Protagonisten nahe stehenden Personen aus seinem Leben verschwunden. Seine Zukunft scheint verloren und er wendet sich ganz der Vergangenheit zu. Er zieht in das Haus der Großeltern zurück, in dem er aufgewachsen ist. Als er wieder im Haus seiner eigenen Kindheit ist, beginnt

---

164 BRUZZONE, 2008. S. 11.
165 BOLTE, 2012. S. 265.
166 Ebd.
167 Vgl. a.a.O. S. 265.

seine rückwärtsgewandte obsessive Suche nach Maira, die sich bald mit der Suche nach seinem verschwunden geglaubten Bruder verquickt. Das Verschwinden von Maira ist eine der deutlichsten Erinnerungen an Militärzeiten, als schon einmal Wohnungen zerstört und durchsucht wurden:

> Toqué el timbre, primero tímido y después no. Supuse que no funcionaba. Golpeé la puerta, fuerte, varias veces. Maira podía estar en la ducha. Esperé. Volví a golpear y al final la puerta se abrí sola, [...] entré, despacio, mientras decía: Maira, perdóname, Maira, yo no sabía nada, Mairita, perdoname, vine para que hablamos bien. Y tantas veces pedí perdón que cuando llegúe, después del largo pasillo de la entrada, hasta el living del departamento, parecía que había sido yo quien había hecho aquel desastre de cajones abiertos, papeles y ropa en el piso, portarretratos rotos, tapas de electricidad arrancadas y hasta bordes de alfombra levantados. ¡Maira!, grité, ¡Maira![168]

Neben der Aktualisierung der gewaltbetonten Vergangenheit scheint das Verschwinden für den Erzähler einen erotischen Reiz zu repräsentieren. Maira ist für den Erzähler nun auf einer neuen Ebene zum Objekt der Begierde geworden: Sie ist unerreichbar geworden und gerade daraus scheint sich seine Sehnsucht zu ihr zu speisen. Das wird deutlich, wenn er erklärt:

> En realidad, si bien al principio había tenido la esperanza de que los secuestradores de Maira volvieran a buscar algo, me encontraran, me llevaran, me encerraran con ella, no tardé en darme cuenta de que eso no iba a pasar; adiós mi deseo de estar juntos, de dormir abrazados aunque sea en una celda mugrienta.[169]

Der Verweis auf Diktaturzeiten ist hier kaum zu übersehen. Der Wunsch, in einer „schmutzigen Zelle" zusammen zu liegen, lässt die zwiegespaltene Beziehung zur diktatorischen Vergangenheit erkennen und weist bereits auf die spätere Liebesbeziehung des Protagonisten zu seinem Folterer hin, der ihn als Gefangenen halten wird.

---

168 BRUZZONE, 2008. S. 73f.
169 A.a.O. S. 77.

Im Haus in Bariloche ist der Protagonist in verschiedener Weise eingesperrt: El Alemán hält ihn dort fest, sein deliranter Zustand erlaubt es ihm nicht zu fliehen und zusätzlich ist das Haus vom Schnee eingeschlossen. Vom „alles auslöschenden, anorganischen Weiß"[170] bedeckt, zählt sich der Protagonist bereits selbst zu den Verschwundenen. Der Schnee, der alles verdeckt und versteckt, eröffnet ebenfalls die Möglichkeit der Mimikry des Verschwindens und erinnert an die Anfangsszene im Garten der Großeltern. Nur das schwarze Haar hebt sich ab und stellt das einzig noch Lebendige an ihm dar[171]:

> Pensé en mamá y en Maira, que también perdieron todo y que sin embargo me tenían a mí. También pensé que afuera, en algún lugar, todavía estaban Mica, Mariano, Romina, mi probable hijo: ellos podían buscarme. No iba a ser fácil, yo iba a estar como abajo de una montaña, de un país de nieve, pero quizá cada tanto pudiera asomarme, mirar, y ellos entonces podrían ver mi cabeza negra – o de otro color, según la tintura – en medio del blanco.[172]

Entsprechend der Vorahnung durch das Symbol des Schnees verschwindet der Erzähler daraufhin tatsächlich. Aufgrund der realisierten Operation gleicht er Maira derart, dass er sich selbst nicht mehr von ihr unterscheiden kann. Sein heuristischer Trieb ist schließlich gestillt, als er Maira in sich selbst gefunden hat.

> Me levanto, voy al baño. El Alemán me acompaña y mientras caminamos me acaricia los hombros. ¿Ves?, igualita. Por un momento pienso que la que está ahi no soy yo, que es Maira; […] Con el tiempo la idea de ir a buscar a Maira pierde fuerza […] Yo, además, antes de ir a buscarla quiero imaginarme cómo sería su rescate, como si eso pudiera hacer que la misión sea un éxito. Pero no puedo, no me sale, no hay pensamientos guía para el rescate de Maira, y entonces me dejo llevar.[173]

---

170 BOLTE, 2012. S. 268.
171 Ebd.
172 BRUZZONE, 2008. S. 176.
173 A.a.O. S. 188f.

Der Preis für das Erlangen seines Ziels ist die Aufgabe seiner eigenen Identität. Die als Kind eingeübte Mimikry des Verschwindens wird zur Realität und der Kreis schließt sich am Ende des Romans.

5.4.3 Die Träume

> Wenn aber der Dichter uns seine Spiele vorspielt oder uns das erzählt, was wir für seine persönlichen Tagträume zu erklären geneigt sind, so empfinden wir hohe, wahrscheinlich aus vielen Quellen zusammenfließende Lust. Wie der Dichter das zustande bringt, das ist sein eigenes Geheimnis; in der Technik der Überwindung jener Abstoßung, die gewiß mit den Schranken zu tun hat, welche sich zwischen jedem einzelnen Ich und den anderen erheben, liegt die eigentliche *Ars poetica.*[174]

Freuds Auffassung vom anstößigen Traum, der den Lesern während der Rezeption eine „Vorlust" verschafft, erscheint aus heutiger Sicht etwas antiquiert. Was aus seinem Aufsatz aber ohne Zweifel hervorgeht, ist der Umstand, dass der Traum ein beliebtes Mittel der Schriftsteller ist, um das Seelenleben ihrer Helden in verschlüsselter Form darzustellen. Denn der Traum ist eine elementare Informationsquelle für die unbewussten Erlebnisweisen eines Menschen. Damit kann er von Schriftstellern genutzt werden, um die Innenwelt einer Figur auszuleuchten. Auf den ersten Blick ist der Traum ein subjektivistisches Phänomen, denn die zuständige Instanz für den Traum ist der Träumende selbst. Es werden Geschehnisse dargestellt, die sich auf das persönliche Leben, die Lebensgeschichte, die Wünsche und Ängste, die Erinnerungen und Projektionen des Träumenden beziehen. Die Traumdeutung Freuds hat sich darauf spezialisiert, genau diese Geschehen bis in die Psyche des Träumenden zurückzuverfolgen. Er erkennt in den Träumen oft „anstößige" Wünsche. Diese werden im Traum maskiert oder zensiert. Auch die Wünsche, die vom Träumer später als Alpträume bezeichnet werden, sind nach Freud

---

174 FREUD, Sigmund: *Studienausgabe Bd. X: Bildende Kunst und Literatur.* Frankfurt: S. Fischer Verlag, 1972. S. 179.

Wunschträume, in denen das Über-Ich seine Wünsche befriedigt sehen möchte und etwaige Anstößigkeiten des ‚Es' bestraft.[175]

Die Auffassung vom Traum hat sich aus psychoanalytischer Sicht über die Jahrzehnte gewandelt. Dennoch bleibt die Annahme bestehen, dass der Traum ein Ausdruck des Unbewussten ist, „der den komplexen Regeln einer Grammatik unterliegt, die seine aus dem Unbewussten stammenden Zeichen mit eindrucksvoller Effizienz organisiert."[176] Erikson entwickelt die Freudsche Traumdeutung maßgeblich weiter, indem er Freuds fünf psychosexuelle Entwicklungsstufen um drei erweitert. Nach Erikson wird im Traum vor allem versucht, eine Synthese zwischen den Erwartungen der Umwelt und der individuellen Entwicklung herzustellen.[177]

Ein anthropologisch ausgerichteter Ansatz geht von den typologischen Gemeinsamkeiten aus, die Menschen auf der ganzen Welt in ihren Träumen teilen. Demnach geht der Traum weit über die rein subjektiven Zusammenhänge hinaus und muss vielmehr im Vergleich zu anderen Menschen und Völkern betrachtet werden.[178]

Die beiden Ansätze machen deutlich, dass der Traum ein Phänomen ist, das letztlich nur im historischen, gesellschaftlichen und kulturgeschichtlichen Zusammenhang nachzuvollziehen ist. An dieser Stelle ist auf Stefan Niessen hinzuweisen, der in *Traum und Realität* (1993) erklärt, dass Träume nicht rein individualpsychologisch zu erklären sind, sondern in einem soziokulturellen Raum stattfinden.[179] E.R. Dodds spricht

---

175 FREUD, Sigmund: *Studienausgabe Bd. II: Die Traumdeutung.* Frankfurt: S. Fischer Verlag, 1972. S. 242f.

176 ALT, Peter-André: *Der Schlaf der Vernunft. Literatur und Traum in der Kulturgeschichte der Neuzeit.* München: C.H. Beck, 2002. S. 325f.

177 ERIKSON, Erik Homburger: „Das Traummuster der Psychoanalyse". In: *Psyche* 8 (1954). S. 561–604.

178 BERGER, Wilhelm Richard: *Der träumende Held. Untersuchen zum Traum in der Literatur.* Göttingen: Vandenhoeck und Ruprecht, 2000. S. 10.

179 NIESSEN, Stefan: *Traum und Realität.* Würzburg: Königshausen & Neumann, 1993.

in diesem Zusammenhang auch von „Culture-pattern dreams"[180], was die Eingebundenheit in eine Kulturgemeinschaft verdeutlicht. In literarischen Werken ist der Traum demnach an die Kultur und Zeit gebunden, in der der Autor lebt, der seinen Helden träumen lässt. Peter-André Alt, der ein umfangreiches Werk über die Bedeutung des Traumes in der Neuzeit verfasst hat, macht deutlich,

> daß [sic] das Wissen über den Traum keine archetypische, sondern eine historische Größe darstellt. Die kulturelle Erfahrung des Menschen wird von komplexen gesellschaftlichen Transferprozessen gesteuert, die auch die Formen der vermeintlich authentischen Intimität seiner seelischen Erlebniswelt beeinflussen.[181]

Im Bezug zur Literatur können Traumsequenzen nach zwei Gesichtspunkten, dem kontextuellen und dem sprachlichen Zusammenhang, untersucht werden. In erster Linie ist der Traum ein Element im Textgefüge, das heißt er dient der Charakterisierung des Träumenden und kann gleichzeitig als ein erzählendes Element genutzt werden.[182] Es werden zum Beispiel oft Phantasien des Träumenden oder auch Vorankündigungen für spätere Handlungen repräsentiert. Auf der anderen Seite stellt der Traum ein sprachliches Gefüge dar, welches von narrativen Verfahren und stilistischen Mitteln geprägt ist. Der literarische Traum ist also neben einer inhaltlichen Aussage auch immer ein ästhetisches Produkt. Von diesen Ansätzen ausgehend werden ausgewählte Träume des Protagonisten nachfolgend untersucht und vorab kurz in einen Zusammenhang zum Kontext gebracht:

Bachtlich ist in dieser Hinsicht eine Romansequenz, in der der Protagonist an einer Geburtstagstorte arbeitet, auf die er Batman und Robin zeichnet. Die Vorlage für die Superhelden stammt von Lela.

---

180 DODDS, E.R.: *The Greeks and the Irrational.* Berkeley: University Press, 1951. S. 103.
181 ALT, 2002. S. 366.
182 BERGER, 2000. S. 14.

Diese vor Augen wird ihm plötzlich klar, wie sehr die Robin-Vorlage Maira, aber vor allem ihm selbst ähnelt. Damit eröffnet sich für ihn zum ersten Mal die Möglichkeit, dass er und Maira Geschwister sein könnten. Überwältigt von dieser Ahnung schläft er ein und träumt Folgendes:

[...] papá era Batman y Maira y yo éramos Robin. Un Batman y dos Robin. La aventura que emprendíamos juntos consistía en caer por sorpresa a una reunión de mafias aliadas que estaban en la cuenta final para un desvastador asalto a Ciudad Gótica. Todo sucedía en un galpón donde había autos, camiones, topadoras y hasta dos helicópteros que, si eran usados de acuerdo al plan, provocarían el caos necesario para sorprender a las autoridades y mantener a la ciudad totalmente indefensa durante las horas que durara el saqueo. Esto va a ser algo mucho más grande que el asalto de Fidel al cuartel Moncada, escuché que decía uno, ametralladora en mano, mientras arengaba a los dos de su grupo. Eso, más algunas frases en castellano, daban la pauta de que aquellos hombres – o al menos muchos de ellos – eran revolucionarios cubanos [...]. Batman-papá decía que teníamos que dividirnos: él se ocuparía de armar, en distintos accesos a la ciudad, una red de trampas orientadas a demorar las acciones mafiosas. Mientras tanto, nosotros alertaríamos a las autoridades y con nuestro carisma ayudaríamos a la población a buscar lugares seguros donde refugiarse hasta que terminaran los enfrentamientos. Yo estaba de acuerdo, era un excelente plan. Pero Robin-Maira apostaba por soprenderlos allí mismo y lograr, en medio de la confusión, que las dos mafias terminaran enfrentándose entre ellas. Eso tenía más que ver con nuestro carácter de superhéroes, ¿qué clase de defensores de la justicia seríamos si nos limitábamos a buscar ayuda policial? Hubo una discusión. Batman-papá hablaba de socializar el conflicto, todos los sujetos sociales involucrados tenían que tomar conciencia de la amenaza y ser parte activa en la defensa de la ciudad: terminaba la era de los superhéroes solitarios, el protagonismo tenía que ser de la gente. Robin-Maira dudaba. Algo en las palabras de Batman-papá no llegaba a convencerla y entonces cambió el eje del debate y le reprochó el giro ideológico que suponía el hecho de que ahora estuviera a favor de Ciudad Gótica cuando según sus antiguas convicciones debería estar del lado de los cubanos. En su defensa, Batmán-papá dijo que eso era tan así, que si bien había cambiado el vestuario, la idea era siempre las misma: defender a la gente de la mafia porque los cubanos esos eran, antes que nada, mafiosos. Y cuando yo atiné a decir que decidiéramos algo rápido porque los tipos ya empezaban a salir hacia su objetivo,

Robin-Maira volvió a cambiar de rumbo y le reprochó a Batman-papá todos sus años de ausencia.[183]

Der Traum wird im textuellen Zusammenhang mit der Realitätsebene verbunden, indem die Kuchenschablonen von Batman und Robin zum Leben erweckt werden. Dabei verkörpern der Protagonist und Maira zwei Robins und Batman den Vater der beiden. Gemeinsam mit Vater und Bruder versucht der Protagonist in Superheldenmanier die Stadt vor „alliierten Mafiosi" zu beschützen. Die drei beobachten, wie *mafiosos*, die offenbar kubanische Revolutionäre sind, von einem geplanten Anschlag auf die Stadt sprechen, der sogar Fidel Castros Angriff auf die Moncada Kaserne übertreffen soll. „Batman-papá" schlägt vor, die Staatsgewalt und Bevölkerung zu informieren, um einen möglichen Anschlag bestmöglich abzuwehren. Es sei die Aufgabe aller Bürger, die Stadt solidarisch zu verteidigen. Maira hingegen will die Mafiosi vor Ort stellen, weil sich Superhelden keiner polizeilichen Hilfe bedienen würden. Es kommt zum ideologischen Konflikt, als Maira dem Vater vorwirft, mit seinen antiquierten Ansichten letztlich auf der Seite der Kubaner zu stehen. Daraufhin zeigt der Vater sein „wahres Gesicht" und erklärt, es wäre schon immer das Ziel gewesen, Mafiosi wie die Kubaner zu bekämpfen. Der Traum endet in Mairas Anklage, die dem Vater die jahrelange Abwesenheit vorwirft.

Auf individualpsychologischer Ebene kann hier der Wunsch des Protagonisten erkannt werden, mit Vater und Bruder vereint zu sein. Im Traum haben sie ein Trio gebildet, das allen Gefahren trotzt. Doch bald taucht die Angst auf, dass die Familie durch das doppelte Spiel des Vaters wieder auseinander gerissen wird. Während Maira vorschlägt, die *mafiosos* gemeinsam zu bekämpfen, plädiert dieser dafür, sich zu trennen, um die Stadt einzeln zu verteidigen. Schließlich zerfällt die starke Verbindung der Superhelden und Maira spricht die Anklage aus, die sich der Protagonist nicht traut, zu äußern.

---

183 BRUZZONE, 2008. S. 69–71.

Auch im kulturgeschichtlichen Kontext ist der Traum ergiebig. Laut Bruzzone ist die Literatur „la memoria de lo que no se puede recordar. La memoria de las pesadillas, seguramente."[184] In dem Sinne werden im Traum Erlebnisse dargestellt, die über die persönlichen Erinnerungen des Protagonisten hinausgehen. Die *mafiosos*, die kubanische Revolutionäre sind, stellen die Verbindung zu den argentinischen Guerilleros der 1970er Jahre her. Der Vater erweist sich auch im Traum als ein *topo*, der auf der einen Seite mit der bürgerlichen, sozialistischen Bewegung sympathisiert, um die Kubaner im nächsten Augenblick zu Staatsfeinden zu erklären. Der Traum enthält so eine politische Dimension und kann gleichzeitig als ein Wunsch nach einer familiären Vereinigung wie auch als eine Vorankündigung für das Zusammentreffen mit dem Doppelagenten el Alemán verstanden werden. Der Protagonist selbst verhält sich im Traum passiv und schwankt zwischen Mairas Standpunkt und dem des Vaters hin und her. Der Traum verdeutlicht die Angst vor einem Konflikt, den Mairas Vorwurf gegenüber dem Vater hervorruft. Sie klagt ihn dabei sowohl als Kind an, das verlassen wurde, wie auch in ihrer Rolle als eine „matapolicía", die von der Politik im Stich gelassen wurde.

In einem anderen (Tag)traum werden hingegen auch die Schuldgefühle deutlich, die den Protagonisten aufgrund seiner inzestuösen Beziehung zu seinem Bruder quälen. Er befindet sich auf dem Weg zu Maira, der er von seiner Vermutung, die beiden seien Geschwister, erzählen möchte und phantasiert dabei von einer glücklichen Zukunft mit ihr:

Me imaginé en el Sur: montañas, bosques, lagos. Una casa de troncos y chimenea. Un único ambiente, además del baño y la cocina, y un entrepiso donde dormir abrazado a mi hermano. Salí otra vez, ahora la reconciliación con Maira iba a ser definitiva: juntos averiguaríamos todo y viajaríamos hasta esa casa en el sur. Si éramos hermanos nos arrepentiríamos de lo que habíamos hecho y seríamos inseparables. Con el tiempo cada uno podría

---

184 BRUZZONE: „Apuntes para una intervención sobre la relación entre memoria y política", a.a.O.

tener su casa junto al lago o podríamos compartir un mismo hogar para siempre, siempre juntos y siempro pidiendo perdón por nuestro amor equivocado. Hasta podíamos construir muchas cabañas y aquilarlas o venderlas como campañas de tiempo compartido. Nosotros las cuidaríamos – ella limpiaría, yo haría las refacciones – y hasta podríamos, segun la afluencia de turistas, cambiar de casa una y otra vez para dejar en cada campaña señales de nuestro amor. Marcas en las paredes, en los pisos, en cada cabaña una o más marcas que indican el paso del tiempo hasta el final de nuestras vidas, cárcel de amor, huellas en casas donde Maira y yo vamos a estar para siempre. En una Maira deja una media de red que luego alguien usa para atar la cortina del baño o para fijar una puerta que se mueve por el viento. En otra yo dejo un sobre con cartas de amor que los turistas sentimentales leen por la noche. O Maira deja un juego de pestañas que nadie se anima a tirar: todos piensan que alguien va a venir a buscarlas o sienten temor – o pena – por destruir algo que, en cierta forma, los mira.[185]

Im Traum wünscht sich der Protagonist an einen malerischen Ort im Süden. Dort lebt er in friedlicher „Versöhnung" gemeinsam mit Maira, während die beiden Ferienhäuser vermieten. Als Geschwister würden sie dort alles gemeinsam bestreiten, ihre vorangegangen Liebeshandlungen bereuen und „unzertrennlich" sein. Trotz der Betonung auf einer ausschließlich geschwisterlichen Liebe, mutet der Tagtraum als eine erotische Phantasie an. Denn die Rede ist davon, dass die beiden sich in den Armen liegen, „unzertrennlich" sind und in den einzelnen Ferienhäusern „Spuren ihrer Liebe" hinterlassen. Die Angst manifestiert sich, Maira noch einmal zu verlieren. Um dem entgegenzuwirken, sollen die Liebesbeweise ihre Verbindung „für immer" dokumentieren. Auch hier nutzt Bruzzone den Traum als Vorankündigung. Der imaginierte Ort im Süden ähnelt sehr el Alemáns Haus in Bariloche, das ebenfalls von Bergen, Seen und Wäldern umgeben ist. Es wird deutlich, wie viel sich der Protagonist von Bariloche als Ort des Friedens und der Wiedergutmachung verspricht. Gleichzeitig vermischt sich auch im Traum seine geschwisterliche mit der leidenschaftlichen Liebe zu Maira. Während er immer wieder ihre

---

185 BRUZZONE, 2008. S. 72f.

Reue betont, kommt er nicht umhin von Liebesbriefen und Mairas „roten Strümpfen" zu phantasieren.

Maira kommt in den meisten der zahlreichen Träumen des Protagonisten vor. Paradoxerweise steht diese ambivalente Figur des *travesti* für einen eindeutigen Standpunkt und kann dem Protagonisten so helfen. Gleichzeitig spricht sie oft das aus, was er sich selbst nicht wagt, zu sagen oder zu tun. Während der Arbeiten auf der Baustelle in Bariloche sehnt sich der Protagonist nach Maira, die schließlich der Grund ist, weshalb er nach Bariloche gereist ist:

> Yo pegaba ladrillos y ella [Maira] me miraba desde atrás de un vidrio. Cuando terminaba de levantar la pared ella hablaba y yo no podía escucharla, pero le leía los labios – cosa nada fácil cuando esos labios, antes que palabras, habían dado amor. Decia: te quedaste encerrado entre el vidrio y la pared, tontito, ¿qué pensás hacer? Y cuando miraba, en efecto, al construir la pared me había encerrado en un pasillo donde las únicas opciones de escape eran romper la pared o romper el vidrio. ¿Qué vas a hacer, tontito?, repetía ella, y yo demolía la pared, sacaba los escombros, traía más ladrillos, más cemento, más arena, más cal, y volvía a empezar. Maira era un ángel guardián, alguien que además de acompañarme en cada momento me cuidaba y me daba buenos consejos. Y tanto pensé en la posibilidad de que Maira fuera mi ángel, que durante el tiempo que trabajé en la construcción del hotel nunca tuve un solo accidente. Como si Bariloche, o el Bariloche habitado por el fantasma de Maira, no pudiera hacerme nada. O como si Bariloche me hubiera dado, en determinado momento, el don de invulnerabilidad.[186]

Auch hier wird der Traum in den Bezugsrahmen der Romanhandlung gesetzt. Der Protagonist, kaum in Bariloche angekommen, arbeitet jeden Tag auf der Baustelle. So befindet er sich auch im Traum dort. Als er eine Wand hochzieht, macht ihn Maira darauf aufmerksam, dass er sich selbst zwischen Fenster und Wand eingeschlossen hat und nicht mehr herauskommen kann. Erst durch ihren Rat wird er auf das Missgeschick aufmerksam, zerbricht die Wand und beginnt noch einmal von vorn. Maira erkennt er dabei als einen „Schutzengel" an, der ihn in jeder seiner Lebenslagen begleitet und vor Unheil bewahrt. Tatsächlich stellt Maira im

---

186 BRUZZONE, 2008. S. 118f.

Traum eine Objektrepräsentanz dar. Mittels dieser kann der Protagonist ein Bild von sich selbst entwickeln und fühlt sich dadurch beschützt und unangreifbar. Auch in diesem Traum ist der Protagonist sehr passiv und abhängig von Mairas Hilfe. Erst durch sie kann er sich aus dem Gefängnis befreien, in das er sich selbst eingemauert hat. Auch dieser Traum ist eine Vorankündigung für die später erfolgende Gefangenschaft in Bariloche, in der sich der Protagonist wünscht, von Maira befreit zu werden. Mit der späteren Operation und seiner Verschmelzung mit Maira kann man dies tatsächlich als eine Art der Rettung verstehen.

Bruzzone erklärt im Interview, dass sein Roman für ihn zwei Gesichter habe; das eine sei der friedliche Traum, das andere der vorausschauende Alptraum, der nur durch die Vergangenheit des Protagonisten verstanden werden könne.[187] Die Grenze zur Traumebene ist im Roman oft verschwommen. Gerade auch zwischen Erinnerung und Traum besteht eine Sphäre, in der nicht leicht nachzuvollziehen ist, auf welcher Ebene sich der Protagonist befindet. Immer wieder träumt er von einer Zusammenführung seiner Familie. Dabei zeichnen sich aber stets Konflikte ab, die aus der Vergangenheit rühren und die Vereinigung gefährden. Zum Ende des Romans, als die Zusammenführung im Delirium und mit Hilfe von wesensverändernden Operationen scheinbar fast erfolgt ist, beginnt der Protagonist Gute-Nacht-Lieder zu kreieren und sie sich selbst vorzusingen: „Alemán bueno eres en la niebla"[188]. Durch die Erwähnung „des guten Deutschen" und des „Nebels" ist auch eine Anspielung auf den Nationalsozialismus geschaffen, wodurch die Verkehrung von Opfer- und Täterrollen radikal verdeutlicht wird.

In den Träumen lässt sich deutlich erkennen, wie sehr der Protagonist sich eine Einbettung in einen familiären Kontext ersehnt. Gleichzeitig wird der kulturgeschichtliche Hintergrund auch in den Träumen verarbeitet. Denn es zeigen sich immer wieder Bezüge zur diktatorischen Vergangenheit, deren Folgen auch im Unbewussten Spuren hinterlassen haben.

---

187 BRUZZONE im Interview mit Cuentomilibro, a.a.O.
188 BRUZZONE, 2008. S. 181.

5.4.4 Die *travestis*

Als *travesti* gilt ein homosexueller Mann, der sein Geschlecht – im Gegensatz zum Transsexuellen – akzeptiert und mit seiner doppelten Identität spielt. Es gilt für die nachfolgende Untersuchung festzuhalten, dass der *travestismo* in Lateinamerika im Gegensatz zu Europa eine zusätzliche Konnotation aufweist. *Travestis* in Lateinamerika gehen oft der Prostitution nach. Das liegt daran, dass ihnen in Lateinamerika, vor allem auch in Argentinien, der Einstieg in einen konventionellen Beruf oft versagt bleibt.[189]

In der zeitgenössischen lateinamerikanischen Literatur sowie im Film ist die Fokussierung auf den *travestismo* keine Seltenheit mehr. Dazu zählen unter anderem Manuel Puigs *El beso de la mujer araña* (1976), sowie *Salón de belleza* (1994) von Mario Bellatín, *Mujer en traje de batalla* (2001) von Antonio Benítez Rojo, *Poco Hombre* (2013) des Chilenen Pedro Lemebel genauso wie der Film *Ronda nocturna* (2005) von Edgardo Cozarinsky und Julian Schnabels Film *Antes que anochezca* (2001), der die gleichnamige Autobiographie des homosexuellen kubanischen Schriftstellers Reinaldo Arenas zur Vorlage hat. All diese Arbeiten lassen eine Kritik an der existierenden sozialen Ordnung erkennen und thematisieren die sexuelle Andersartigkeit, die nicht mit den Definitionen der Geschlechterrollen in einer patriarchalen Gesellschaft übereinstimmen. Dabei ist es in der zeitgenössischen Literatur vor allem die Doppeldeutigkeit, die den *travesti* interessant macht. Er ist nicht lediglich als Frau verkleidet, um Männer anzuziehen, sondern er ist für beide Geschlechter empfänglich. Der *travestismo* definiert sich über seine sexuelle Unentschiedenheit. Er entscheidet sich für eine Version des Hermaphroditen, was die Verkleidung zwar bereits impliziert, unter der aber zuletzt immer ein „wahres" Gesicht steckt.[190] Anke Birkenmaier spricht sich dafür

---

189 BERKINS, Lohana: „Ein Schmetterling sein. Travestis: Eine politische Aussage". In: *Lateinamerika Nachrichten* 391 (2007).

190 BIRKENMAIER, Anke: „Travestismo latinoamericano: Sor Juana y Sarduy". In: *Ciberletras* 7 (2002). http://www.lehman.cuny.edu/ciberletras/v07/birkenmaier.html [Letzter Zugriff: 15.07.2014].

aus, die lateinamerikanischen *travestis* in ihrem kulturgeschichtlichen Umfeld zu sehen:

> El travesti latinoamericano tal vez tenga que ver con las estructuras patriar-cales heredadas de la colonia, tal vez con la espectacularización del Nuevo Mundo obsesionado por la representación del Viejo Mundo. Puede ser tam-bién una versión latinoamericana del mito del ser andrógino, que consiste en la convivencia incómoda y teatralizada de las culturas y temporalidades en Latinoamérica desde la colonia hasta hoy.[191]

Travestismo als konstruierte Identität

Los topos lässt sich der *Queer*-Literatur zuordnen[192] und der *travestismo* spielt in Bruzzones Werk der ständigen Wandlung und Verwandlung eine wesentliche Rolle. Der Autor hat die konstruierte Identität mit dem Wesen des *travestismo* verknüpft. Denn der *travesti* stellt im Roman die verschiedensten Rollen dar und verkörpert damit die Vielgestaltigkeit der Identitäten: Denn Maira ist nicht nur auf der Schnittstelle zwischen Mann und Frau anzusiedeln, sie ist darüber hinaus in einem Augenblick Spionin, im nächsten Agentin in einem internationalen Komplott, In-formantin der Polizei, dann Mitglied eines verwickelten und politischen Netzes und letztlich ist sie eine *hija*, die ihre Eltern rächen möchte. Wie der Autor selbst erklärt, „[e]n la novela no hay un trabajo serio sobre travestismo, se lo toma en función de ese esterotipo más que nada."[193] Eine ernsthafte und „politisch korrekte" Auseinandersetzung mit dem *travestismo* bleibt aus, durch die Verzerrung der Stereotypen werden die gängigen Vorurteile aber parodiert.

Trotz der Reduzierung auf ein bestimmtes Klischee ist der *travestis-mo* wichtig für die identitäre Entwicklung der Hauptfigur. Zu Beginn

---

191 Ebd.
192 BERNINI: „Una deriva queer de la pérdida. A propósito de Los topos, de Félix Bruzzone", a.a.O.
193 BRUZZONE im Interview mit cuentamilibro, a.a.O.

des Romans ist der Protagonist heterosexuell. Tatsächlich verlässt er sein heteronormatives ‚Ufer' während der Beziehung zu Romina: Die Freundin, die ihn stets zum Engagement bei HIJOS zu bewegen versucht, verstärkt seinen Widerstand und ihre Bemühungen treiben ihn weg von ihr. Zunächst sind die Transvestiten eine Ausflucht in eine andere Welt, in der die Möglichkeit für den Protagonisten besteht, jemand anderer zu sein. Er empfindet eine erotische Attraktion für dieses Milieu, in das ihn die „perfekten Kurven" und die „doppelten Körper"[194] gerade zu hineinziehen. Der Übergang zur Homosexualität leitet aber auch den Ausbruch aus seinem sozialen Leben ein. Letztlich schließt der Wandel zu einer nicht normierten Sexualität auch halblegale Geschäfte und seinen Abstieg in die Obdachlosigkeit mit ein. Als ihm alles genommen zu sein scheint, setzt er seine Suche in Bariloche fort. Dort wird er selbst zum *travesti*, um Maira zu finden.

Die Verwandlung zum Transvestiten ist an die ständige Präsenz des Verschwindens und der Transformation gekoppelt. Dazu gehört sowohl das allmähliche Verschwinden von geliebten Personen sowie seiner Person selbst. Ben Sifuentes-Jáuregui erkennt im *travestismo* „a peculiar act of self-figuration and disappearence".[195] Der Wunsch zur Verwandlung zum Transvestiten „is about becoming the Self – Finally, transvestism is about (re)creating the Self."[196]

Das Subjekt wird demnach durch den Wandel der Geschlechterrolle transformiert und der Transvestit muss seine eigene Individualität und Identität auslöschen, um sie neu erfinden zu können. Das ist es, wonach der Protagonist strebt, als er sich für das Leben als *travesti* entscheidet. Die Umwandlung zum anderen bedeutet letztlich jedoch auch die Reproduktion der eigenen gewaltsamen Geschichte und des familiären Traumas. Er hat bereits alle nahen Verwandten verloren und verfügt

---

194 BRUZZONE, 2008. S. 26.
195 SIFUENTES-JÁUREGUI, Ben: Transvestism, Masculinity, and Latin American Literature: Genders Share Flesh. New York [u.a.]: Palgrave, 2002, S. 7.
196 A.a.O. S. 3.

weder über eine mütterliche noch über eine väterliche Instanz in seinem Leben. Er erhofft sich von seiner neuen Existenz als *travesti* nicht nur, *Maira* zu finden, sondern auch „alle möglichen Wahrheit(en) über seine Familie"[197] zu erfahren. Der *travestismo* stellt für den Protagonisten folglich auch eine Möglichkeit dar, eine Suche zu beginnen, die ihn an einen Ort mit neuen Möglichkeiten bringt. Er erhofft sich von seiner Transformation sich selbst zu finden, seine Geliebte und schließlich auch Bruder, Vater und Mutter. Das heißt, all diejenigen, die er einst verloren hat, kann er im Zuge seiner Transformation in einer anderen Realität wieder treffen. Und tatsächlich konstruiert er sich eine neue Familie, als er sich im Haus in Bariloche befindet. El Alemán wird zum Vater und dessen Haushälterin Amalia übernimmt stellvertretend die Rolle der Mutter.

Dass ihm seine persönliche Verwandlung und somit sein Plan glücken wird, zeichnet sich in einem Traum ab, den er kurz vor der Operation hat: „Maira, frente a la pastilla que a la noche le dan para que se suicide, [...]"[198] Als er aufwacht, erklärt er schlaftrunken: „Me despierto, me miro al espejo y digo: no sé, creo que no estoy *preparada* [Hervorhebung L.W.]."[199] Die weibliche Form, die er für sich anwendet, deckt auf, dass er sich bereits als Frau empfindet und die Verschmelzung zwischen Maira und ihm gelingen wird. Bruzzone nutzt das Motiv des Travestismo daher auch, um das Trauma aus mehreren Perspektiven darstellen zu können. Durch seine Verdopplung erfährt der Protagonist eine Spaltung und ist auf der einen Seite nun niemand, auf der anderen Seite alle.

Travestismo als politische Aussage

Los topos ist neben seiner Charakteristik als *queer novel* auch ein politischer Roman, der sich der *travestis* bemächtigt, um seine politische Aussage zu illustrieren. In dem Artikel *Hacia un verbo queer* legt die Literaturwissenschaftlerin Amy Kaminsky dar, dass das Outing eines

---

197 BRUZZONE, 2008. S. 143.
198 BRUZZONE, 2008. S. 187.
199 Ebd.

Schwulen oder Transsexuellen bedeutet, die Realität ans Tageslicht zu bringen, die Hülle der Heteronormativität abzustreifen und die Konstruktion einer von der Gesellschaft oktroyierten perfekten Identität zu zerstören. Sie spricht sich dabei für den Neologismus „encuirar" aus, der das englische *to queer* ins Spanische übersetzen soll.

> Reminiscente del verbo encuerar y evocandor del acto de desnudar, encuirar significa des-cubrir la realidad, retirar la capa de heteronormatividad. Encuirar propone devestir no solamente para mostrar la realidad debajo de la vestidura engaõsa – el outing clásico –, sino también como una forma de deconstrucción.[200]

Dabei wird auch die Stabilität von gesellschaftlichen Normen hinterfragt. „Encuirar" deckt die Instabilität von Identitäten auf und weist auf die Notwendigkeit hin, alternative Identitäten immer wieder neu zu kreieren. Diese gilt es zusätzlich zu verteidigen, wenn man in einer Gesellschaft lebt, die von normierten Identitäten dominiert wird. Der Roman *Los topos* erzählt demnach, um bei Kaminsky zu bleiben, von der Notwendigkeit des „encuirar", des sich Ausziehens. Es geht darum, eine Transformation zu erlangen, die elementare Aspekte des sozialen Lebens umwirft, denen man sich unterworfen hat. Diese soziale Welt, die hinterfragt wird, ist die Welt der HIJOS und dieser Welt entgegnet der Protagonist seine eigene Vision der Realität. HIJOS stellt für ihn eine Vereinigung dar, die in der Zeit seiner Eltern stecken geblieben ist. Dabei werden die, die außerhalb des rein politischen Kontextes an den Folgen der Vergangenheit leben, übersehen.

> Quizá ellos [los de HIJOS] pudieran armar una campaña de reivindicación de Maira, alzarla como estandarte de una nueva generación de desaparecidos y fogonear así la lucha antiimperialista. Ya imaginaba al tipo de las manchas en los ojos hablando sobre los neodesaparecidos o los postdesaparecidos. En realidad, sobre los postpostdesaparecidos, es decir los desaparecidos que

---

200 KAMINSKY, Amy: „Hacia un verbo queer". In: *Revista Iberoamericana* Bd. 74 (2008). S. 879.

venían después de los que habían desaparecidos durante la dictadura y después de los desaparecidos sociales que vinieron más adelante. Porque ahora parecía llegar el turno de que desaparecieran también los que, como Maira, en su búsqueda de justicia, se pasaban un poco de límite.[201]

Um diesem Umstand etwas entgegen zu setzen, hat Bruzzone die Figur von Maira erschaffen. Maira stellt eine Figur dar, die die Politik von HIJOS travestiert. Sie schließt sich von der Gesellschaft aus und radikalisiert die *escraches* der HIJOS, indem sie sich der Selbstjustiz verschreibt. Sie zweifelt die Wirksamkeit von Wiedergutmachungsversuchen von Staat und Institutionen wie HIJOS an und glaubt nicht an die programmatische Richtung der Politik. Demnach ist das Objekt des parodistischen Aspekts in *Los topos* nicht der *travesti*, sondern die Politik. Die *travestis* sind Träger einer Botschaft und Symbol für den Erinnerungsdiskurs. Der Roman zeigt laut Emilio Bernini, dass

[...] el efecto paródico no tiene como objeto a la travesti en sí misma, sino a la política. La política es aquí objeto de la parodia, la política de la militancia, la política identitaria, que supone la creencia, en última instancia, en la acción en ese mismo mundo histórico que, a pesar de los cambios políticos, no sólo ha desaparecido a los padres sino que ha devastado la vida de los hijos.[202]

Für Bernini ist die bemerkenswerteste Aussage des Romans, dass es zwischen dem Leben der Eltern unter dem Staatsterror und dem Leben der Kinder in der Postdiktatur keine Zäsur, sondern eine Kontinuität gibt, die auch das Leben der Kinder verwüstet hat. Dabei ist es nicht die Tatsache, *hijo* zu sein, die das Leben verwüstet, sondern es ist die Politik, die das tägliche Leben, die Familienstrukturen noch immer mit „mikrofaschistischen" Elementen durchtränkt.[203]

Diese Haltung wird auch an verschiedenen Szenen innerhalb des Romans ersichtlich: Da ist der Erzähler, der sich durch seine (paranoid

201   BRUZZONE, 2008. S. 80.
202   BERNINI: „Una deriva queer de la pérdida. A propósito de Los Topos, de Félix Bruzzone", a.a.O.
203   Ebd.

anmutende) Wahrnehmung eine Verschwörung aufgedeckt zu haben, dazu gezwungen sieht, dieser Realität nur mit einer anderen, einer transvestierten Identität begegnen zu können. Da ist der Freund Mariano, dessen Mutter vom eigenen Vater ermordet wurde und der später in einer neuen Spiritualität sein Glück findet, da ist Maira, die gegen all dies ankämpft und schlussendlich in einer traumatischen und parodistischen Wiederholung verschwinden muss. Und schließlich ist da el Alemán, der aus grausamen Vergnügen *travestis* quält. Dass der Protagonist el Alemán niemals tötet, ist auf den Umstand zurückzuführen, dass dieser nicht nur den Verräter-Vater aus Diktaturzeiten, sondern auch das gesamte politische System darstellt. An der Aufgabe, dieses System zu zerstören, scheitert der Erzähler, weil er sich in el Alemán verliebt und von der Politik umgedreht, transvestiert wird. Das Versagen der Politik könnte vehementer nicht dargestellt werden. Doch trotz der offenen Kritik an HIJOS und dem gesamten System kann der Protagonist nicht aus seiner Rolle heraus, die ihm auferlegt ist: Sein Schicksal als Waise, das durch den terroristischen Staat herbeigeführt wurde. Auf der einen Seite ist da die Ablehnung von HIJOS, auf der anderen Seite ist es die Opposition zu diesem Diskurs, die im *travestismo* münden muss.

Das eigentlich Verstörende aber ist die Beschreibung von Menschen, die der Roman *topos* nennt. Nach dem RAE ist *topo* neben Maulwurf eine Bezeichnung für Doppelagenten.[204] Der offensichtlichste, von Lela beschuldigte Doppelagent des Romans ist der Vater des Protagonisten, das heißt el Alemán. In einer Rückblende erklärt die Großmutter das, was der Erzähler später selbst erfahren soll, als sie über seinen Vater spricht: „[...] ese topo siempre pareció algo distinto a lo que era."[205]

---

204 Definiciones de la Real Academia de la Lengua Española: 1. m. Mamífero insectívoro del tamaño de un ratón, (...). 2. coloq. Persona que tropieza en cualquier cosa, o por cortedad de vista o por falta de tino natural. U. t. c. adj. 3. coloq. Persona de cortos alcances que en todo yerra o se equivoca. **4. Persona que, infiltrada en una organización, actúa al servicio de otros.** 5. *Chile.* Máquina excavadora que trabaja bajo tierra formando túneles.
205 BRUZZONE, 2008. S. 134.

Aber auch Maira ist in ihrer Rolle als *travesti* und „matapolicía" ein eindeutiger Maulwurf. Ebenso gehört der Protagonist selbst dazu, wofür es mehrere Gründe gibt. Er ist ein *topo*, da er wie Maira schließlich zu einer quasi „unterirdischen", aber sehr wohl existierenden Community gehört, die ihre eigenen Kanäle besitzt. Die Welt der *travestis* besitzt weder eine definitive sexuelle Orientierung noch eine Identität, sondern mehrere sich überlagernde Identitäten. Dem entspricht auch seine Namenlosigkeit, die sowohl auf seine fehlende Identität hinweist und somit die Möglichkeit mehrerer Identitäten bereithält. Zusätzlich wird der Protagonist auch im politischen Sinne zum Maulwurf, als er sich auf el Alemán einlässt.

Die titelgebende Metapher der *topos* schließt demnach nicht nur el Alemán, Maira und den Protagonisten, sondern die gesamte Gesellschaft und das politische Systems mit ein.[206]

---

206 BERNINI: „Una deriva queer de la pérdida. A propósito de Los Topos, de Félix Bruzzone", a.a.O.

6. Fazit

Die Literatur hat einen signifikanten Anteil am Erneuern des Gedächtnisses. Denn sie verfügt als ein Bestandteil der Kunst über die Möglichkeit, die Grenzlinie zwischen Erinnertem und Vergessenem durch ihre innere und äußere Gestaltung immer wieder neu zu ziehen. Indem der Schriftsteller aus der individuellen sowie aus der überindividuellen Quelle der Geschichte neue Welten erschafft, kann er den Blickwinkel auf die Vergangenheit neu ausrichten. Ein Privileg der fiktionalen Literatur ist es, verschiedene Erinnerungsversionen – tradierte und tabuisierte Inhalte – zusammenzubringen und ein Panorama aus koexistierenden kollektiven Erinnerungen zu erschaffen. Damit kann die Literatur durch innovative Darstellungen von Vergangenem neue Entwürfe für die Zukunft kreieren und auf die Welt außerhalb des Textes zurückwirken.

Für die argentinische Literatur steht die Erneuerung des Gedächtnisses seit den 1970ern in direktem Bezug zur Militärdiktatur. Das Jahr 1976 bedeutete politisch wie auch kulturgeschichtlich eine Zäsur, die das Land prägte. Daher schöpft die argentinische Literatur bis heute aus der jüngeren Geschichte und betrachtet sie immer wieder in einem anderen Licht. Dabei gehen die Ansätze weit auseinander und die Diskussion um eine testimoniale oder metaphorische Darstellung der Diktatur macht deutlich, wie sehr sich der Memoria-Diskurs über die Jahre gewandelt hat. Gegenwärtig ist es die Schriftstellergeneration der *nueva narrativa argentina,* die mit einem neuen Blickwinkel die Vergangenheit und deren Folgen in die Gegenwart transportiert und dadurch neue Impulse für den gegenwärtigen Memoria-Diskurs liefert. Auch Felix Bruzzone lässt sich in diese Reihe von jungen Autoren einreihen. Sein Roman *Los topos* reiht ist ein wichtiger Bestandteil im argentinischen Gedächtnisdiskurs, der Funktionen, Prozesse und Probleme des Erinnerns im Medium der Fiktion durch ästhetische Formen aufzeigt. Die Perspektive, die er dafür wählt, ist die des *hijo,* der durch die Diktatur verwaist ist. Das Bild des Waisen gibt darüber

Aufschluss, wie sehr Gewalt und Terror der Vergangenheit bis in die Gegenwart des Protagonisten hineinreichen. Dessen Selbstbild ist durch die traumatisierenden Erlebnisse seiner frühen Kindheit hochgradig destabilisiert worden. Er führt ein nomadenhaftes Leben, dessen Handlungen für den Leser oft vollkommen unvorhersehbar wirken, tatsächlich aber einer Art Schicksalhaftigkeit folgen. Diese lässt sich nur im Kontext seiner familiären Vergangenheit und der des Landes verstehen. Zu keinem Zeitpunkt stellt der Protagonist die Suche nach seinem Bruder in Frage. Vielmehr integriert er das Erbe der Vergangenheit in seine eigene Gegenwart und begibt sich in konspirativer Manier auf die Suche nach der Wahrheit über seinen Bruder, seine Familie und sich selbst. Während der Suche wird immer wieder deutlich, wie sehr die Gegenwart durch die Ungewissheit über die Vergangenheit determiniert ist. Die Bedeutung von *memoria* im Sinne von Gedenken und Gegenwärtigkeit zeigt sich am sichtbarsten in Momenten, in denen sich die Geschichte wiederholt, wie es bei der Zerstörung von Mairas Wohnung oder ihrem Verschwinden der Fall ist.

Dass im Roman die Vergangenheit nur im Bezug zum Heute von Belang ist, wird deutlich, wenn der Autor erklärt: „No me importa la memoria como archivo."[207] Bruzzone betrachtet die Vergangenheit in einem neuen Licht. Denn die Darstellung von Gewalt, die aus der Vergangenheit rührt, und die zerbrochene Identität des Protagonisten weisen auf eine Abkehr von Konventionen hin. So wird die Ahndung der staatlich verübten Verbrechen in Frage gestellt. Die Politik von HIJOS wird kritisiert, die für den Protagonisten ein Überbleibsel aus der Generation der Eltern bedeutet. Der konventionellen Organisation von HIJOS stellt Bruzzone die Figur von Maira entgegen, die als transvestierte, antisoziale und nicht assimilierte *hija* von der Gesellschaft im Stich gelassen wurde. Sie radikalisiert HIJOS' Bestreben nach Gerechtigkeit, indem sie die Mörder ihrer Eltern in kaltblütiger Selbstjustiz

---

207 BRUZZONE: „Apuntes para una intervención sobre la relación entre memoria y política", a.a.O.

umbringt. Die Figur des *travesti* steht dabei für die Verkörperung von Gewalt, die bis ins Argentinien der Gegenwart hineinreicht. Auch im Hinblick auf die Rekonfiguration stellt das Motiv des Travestismo, das Bruzzone in die Memoria-Debatte einbringt, die Verteilung von Täter- und Opferrollen radikal in Frage.

Auch kommt es zum Bruch mit tabuisierten Inhalten und der Elterngeneration, als der Protagonist den *topo*-Vater zum Liebesobjekt auswählt. Der Roman verabschiedet sich damit von der bisherigen Darstellung von Opfer- und Täterrollen und ist dabei selbst eine literarische Operation, indem er brutale Erinnerungen in der Gegenwart in lustvolle Erfahrungen umkehrt. Damit eröffnet sich ein Raum, in dem es möglich ist, über die *desaparecidos* in teils parodistischer doch stets „politisch unkorrekter" Form zu schreiben. Bruzzones provokativer Roman bedeutet nicht, dass er sich der Verantwortung, ein *hijo* zu sein, nicht bewusst ist. Er, der selbst nie Mitglied von Organisationen wie HIJOS war, wählt die Literatur als Ausdrucksmittel. Mit der Figur des Protagonisten in *Los topos* stellt er die ambivalente Rolle dar, die dem *hijo* auferlegt ist: Auf der einen Seite steht die Verpflichtung, des Erbe der Vergangenheit und auch den Kampf der Eltern nicht in Vergessenheit geraten zu lassen, auf der anderen Seite das Verlangen, sein Schicksal selbst in die Hand zu nehmen.[208] Es geht in seinem Werk nicht um das Wiederaufleben der Geschichte noch handelt es sich um „literatura sobre la dictadura".[209] Vielmehr fragt Bruzzone danach, was die Geschichte für Folgen für die Gegenwart darstellen kann. Hier betont er die Tradierung von Gewalt und nimmt den Leser mit auf eine Reise in die Gegenwart, die nicht versöhnlich oder tröstend, sondern erschreckend und stellenweise skandalös wirkt.

Der Diskurs über das Erinnern und die Menschenrechte ist wichtig, aber vergisst manchmal auch über die heutigen Folgeerscheinungen der Vergangenheit zu sprechen. Bruzzone wirft alle ethischen Parameter über

---

208 BRUZZONE Interview mit mir, siehe Anhang.
209 „Félix Bruzzone y Pola Olaixarac, dos jóvenes autores muy en boga que disparan contra el canon.", a.a.O.

den Haufen, wenn er seinen Protagonisten das Geld der Reparationszahlungen für Prostituierte ausgeben, das politische Opfer Maira selbst
zum Täter werden lässt und ein absurdes Happy End nach der erneuten
Gewaltanwendung inszeniert. Die Radikalität, mit der Bruzzone
Gedächtnisinhalte neu in Szene setzt, sorgt für Bedeutungsverschie-
bungen und kann zu einer neuen literarischen wie diskursiven Annährung an das erzwungene Verschwinden und seine Konsequenzen für die
Nachkommen beitragen.

Literatur kann die Wirklichkeit verändern, indem sie neue Geschichts-
bilder kreiert. Erst die Neubetrachtung der Vergangenheit kann tradierte
Versionen der Geschichte aufbrechen und neuformen. Dies vollzieht sich
oft durch eine gewandelte und distanzierte Wahrnehmung der nachfolgenden Generation. Die erinnerungs- und identitätsbezogene *Refiguration*
der Literatur lässt sich im alltäglichen Leben an hitzigen Debatten in den
Feuilletons, der Einführung von bedeutsamen literarischen Werken in
Schulpläne oder der sich wöchentlich aktualisierenden Bestsellerliste
erkennen. Es ist die Aufgabe der Literaturwissenschaft, das Leistungs-
spektrum von Literatur mit ihren ästhetisch-literarischen Verfahren zu
überprüfen. Durch die Beurteilung der literarischen Gestaltung kann
die Literaturwissenschaft den aktuellen Gedächtnisdiskurs mitgestalten.
Letztlich kann erst der Prozess der Historisierung, und gegebenenfalls
der Kanonisierung Aufschluss darüber geben, ob ein literarisches Werk
bedeutsam für die Erinnerungskultur geworden ist. Es bleibt spannend,
zu beobachten, inwiefern Bruzzones Inszenierung von Erinnerung und
Identität in *Los topos* auf zukünftige Vergangenheitsversionen und Selbstbilder seine Wirkung entfalten kann.

7. Interview[210]

Lela Weigt: Un tema en *Los topos* es la prodestinación. ¿Tienen todos los hijos de desaparecidos ese destino en tu opinión o tienen la fuerza de cambiarlo?

Félix Bruzzone: Uno de los temas es el destino, efectivamente. Creo que en la novela aparecen diferentes versiones para la vida de un hijo de desaparecidos. Habría, en la sociedad, una idea de que los hijos de desaparecidos tenemos la misión de continuar la lucha de nuestros padres. Eso en Argentina se hizo muy evidente a partir de la aparición pública de la organización HIJOS. Esa versión de los hijos ganó terreno a mediados de los años 90 y de alguna forma los hijos quedamos todos catalogados en esa línea; aunque claro que no era así. Recuerdo una marcha conmemorativa del 24 de marzo (día del golpe militar de 1976), allá por 1996, en la que iba con un amigo, caminando entre la multitud hasta que en un momento pasó al lado nuestro la columna de HIJOS, con sus banderas y canciones, y de golpe mi amigo se me separó y me dejó del lado de los que marchaban con HIJOS, como si yo inevitablemente quedara adentro y él afuera. Eso era algo que se sentía en esa época y de alguna forma había que tomar partido. Yo nunca milité en HIJOS ni en ninguna otra organización, sin embargo siempre me sentía en la necesidad de dar explicaciones, de hacerme cargo (aunque no lo sintiera) del reclamo por mis padres y la continuación de la lucha. Un poco de eso había, pero también existía el deseo de seguir un destino propio, más a esa edad. En la novela

---

210   Die Interview-Anfrage per Email ging am 22.09.2011 an den Autor versendet und wurde ebenfalls per Email von ihm beantwortet.

el personaje también enfrenta este conflicto. Y de alguna manera logra torcerlo y encontrar su versión de la felicidad, pero quizá la conclusión sea que ese destino forjado por él no es el mejor, o no es verdaderamente lo que buscaba. Pero también la idea es un poco pensar: eso no importa, y en realidad no importa para nadie, tengas la condición que tengas, vengas de donde vengas, porque la realidad inevitablemente te aplasta, o te potencia, y eso es ingobernable.

L.W.: Por qué elegiste justamente el travestí como personaje importante?

F.B.: No lo elegí, apareció, vi que funcionaba, que probablemente estaba diciendo muchas cosas alrededor de los problemas que estaban en la novela, y lo dejé ahí funcionando.

L.W.: Fundaste tu propia editorial. ¿Como es posible dirigir una editorial que no caiga en las injusticias de la distribución global?

F.B.: Haciéndolo sin ninguna expectativa. Si uno quisiera hacer una editorial hecha y derecha, consigue un inversor y lo hace, haciendo lo que hacen todas las editoriales. Nosotros, un poco por interesarnos casi exclusivamente por los textos que publicamos, dejamos muy al margen todos los aspectos comerciales, publicamos los libros que podemos y no nos volvemos locos por hacer nada que no tengamos ganas de hacer. Podríamos hacer las cosas mejor, también, pero como decía Bartleby, preferiríamos no hacerlo. En realidad, somos cuatro los que decidimos todo en la editorial, y los cuatro tenemos nuestros trabajos y responsabilidades, además de escribir, publicar, contestar entrevistas!!!! Entonces nos enfocamos en los textos. Lo demás: distribución, venta, etc., si bien lo hacemos, y cada tanto asistimos a esas

	rondas de negocios con editores, etc., queda un poco librado al azar.
L.W.:	¿Crees que la NNA es una creación del marketing?
F.B.:	No, es una creación de Elsa Drucaroff, una crítica de la Universidad de Buenos Aires que se tomó el trabajo de leer todo lo „nuevo" de la narrativa argentina y armar líneas de lectura. Luego la prensa levantó eso y se empezó a hablar de nueva narrativa, que de nuevo lo único que tiene es que los que perteneceríamos a ella somos relativamente jóvenes y desenfadados. La cuestión de los padres literarios, por ejemplo, en la mayoría de los casos, queda bastante al margen. Tuvo buena prensa, la NNA, por otro lado, porque muchos de sus miembros trabajan en suplementos culturales, estudiaron periodismo, etc. Hay muchos periodistas entre la gente de mi edad, o mucha gente formada en el periodismo. Los 90 en Argentina fueron años de gran decepción en los que si uno quería oponerse a algo, misteriosamente, estudiaba periodismo, supongo que pensando en eso de el „cuarto poder". O sea que para mí la NNA es un poco un combinado de todo eso, más una producción muy grande y la posibilidad de publicar con cierta facilidad en relación a otras épocas, lo cual permite la aparición y continuación de obras que sin posibilidades de estar publicadas serían imposibles.
L.W.:	¿Cómo ves el rol del los escritores en el discurso de la memoria?
F.B:	Hay gente muy seria, como Carlos Gamerro, o la misma Elsa Drucaroff. Pero luego hay provocaciones casi idiotas. Y enfoques puramente reivindicativos que no sé si a esta altura no restan más de lo que aportan. De alguna forma los que tocamos esos temas tenemos que buscar el camino para ver las cosas sin esas orejeras,

y lo que a mí me resulta más interesante es ver cómo buscar ese camino eludiéndolo.

L.W.: ¿Ves el futuro de la ,nueva nueva narrativa' en la Argentina?

F.B.: No, ver el futuro es para videntes!! Por momentos pienso que la literatura como la conocemos está terminada. Pero por momentos pienso en ese tío mío que supo ser un gran apostador a carreras de caballos, y me digo: si esas actividades, tan fuera de época, continúan, ¿por qué la literatura no habría de continuar?

8. Bibliographie

Primärliteratur

BRUZZONE, Félix: *Los topos*. Buenos Aires: Mondadori, 2008.

Sekundärliteratur

ABRAMS, M.H.: *A Glossary of Literary Terms*. 7. Aufl. Fort Worth: Harcourt Brace College Publ., 1999.

ALT, Peter-André: *Der Schlaf der Vernunft. Literatur und Traum in der Kulturgeschichte der Neuzeit*. München: C.H. Beck, 2002.

ARISTOTELES: *Poetik. Griechisch/Deutsch*. Stuttgart: Reclam, 1997.

ASSMANN, Aleida: *Kanonforschung als Provokation in der Literaturwissenschaft*. In: *Kanon – Macht – Kultur*. Hg. Renate von Heydebrandt. Stuttgart, Weimar: Metzler, 1998. S. 49.

ASSMANN, Jan: *Communicative and Cultural Memory*. In: *Cultural Memory Studies. An International and Interdisciplinary Handbook*. Hg. Astrid Erll/Ansgar Nünning. Berlin: Walter de Gruyter, 2008. S. 109–118.

BACHELARD, Gaston: *Poetik des Raumes*. Frankfurt am Main: Fischer, 1992.

BARTLETT, Frederic: *Remembering*. Cambridge: University Press, 1932.

BASSELER, Michael/BIRKE, Dorothee: *Mimesis des Erinnerns*. In: *Gedächtniskonzepte der Literaturwissenschaft. Theoretische Grundlegung und Anwendungsperspektiven*. Hg. Astrid Erll/Ansgar Nünning. Berlin: Walter de Gruyter, 2005. S. 123–148.

BERGER, Wilhelm Richard: *Der träumende Held. Untersuchen zum Traum in der Literatur*. Göttingen: Vandenhoeck und Ruprecht, 2000.

BERKINS, Lohana: „Ein Schmetterling sein. Travestis: Eine politische Aussage". In: *Lateinamerika Nachrichten* 391 (2007).

BOLTE, Rike: *Gegen (-) Abwesenheiten. Memoria-Generationen und mediale Verfahrensweisen kontra erzwungenes Verschwinden. [Argentinien 1976–1996–2006].* Berlin: Humboldt-Universität zu Berlin, 2012.

BOSZORMENYI-NAGY, Ivan/Spark, Geraldine M.: *Invisible loyalities. Reciprocity in intergenerational family therapy.* Hagerstown [u.a.]: Medical Department Harper & Row, 1973.

BUTLER, Judith: *Bodies that matter: on the discursive limits of sex.* New York [u.a.]: Routledge, 1993.

CALLO, Christian: *Modelle des Erziehungsbegriffs: Einführung in pädagogisches Denken.* München: Oldenburg, 2002.

CHEADLE, Norman: „Memory and the ‚subjective turn': Beatriz Sarlo's *Tiempo Pasado* (2005)". In: *Contra corriente. Una revista de historia social y literatura de America Latina.* Bd. 5 (2008). S. 197–205.

COBAS CARRAL, Andrea: „Narrativa argentina contemporánea: La figura de hijos de víctimas de la violencia de Estado". In: *Boca de Sapo* Bd. 5 (2010). S. 19–23.

DODDS, Eric Robertson: *The Greeks and the irrational.* Berkeley: University of California Press, 1951.

DRUCAROFF, Elsa: *Los prisioneros de la torre. Política, relatos y jóvenes en la postdictadura.* Buenos Aires: Emecé, 2011.

ECHTERHOFF, Gerald/STRAUB, Jürgen: „Narrative Psychologie: Facetten eines Forschungsprogramms. Zweiter Teil". In: *Handlung, Kultur, Interpretation* 13 (2004). S. 151–186.

ERIKSON, Erik Homburger: „Das Traummuster der Psychoanalyse". In: *Psyche* 8 (1954). S. 561–604.

ERLL, Astrid: *Literatur und kulturelles Gedächtnis: Zur Begriffs- und Forschungsgeschichte, zum Leistungsvermögen und zur literaturwissenschaftlichen Relevanz eines neuen Paradigmas zur Kulturwissenschaft.* In:

Literaturwissenschaftliches Jahrbuch Bd. 43. Hg. Theodor Berchem et al. Berlin: Duncker & Humblot, 2002. S. 249–276.

ERLL, Astrid/Nünning, Ansgar: *Gedächtniskonzepte der Literaturwissenschaft: Ein Überblick.* In: *Literatur Erinnerung Identität. Theoriekonzeptionen und Fallstudien.* Hg. Astrid Erll/Marion Gymnich/Ansgar Nünning. Trier: WVT, 2003. S. 3–28.

ERLL, Astrid: *Kollektives Gedächtnis und Erinnerungskulturen. Eine Einführung.* Stuttgart: J.B. Metzler, 2005.

ERLL, Astrid/NÜNNING, Ansgar: *Literaturwissenschaftliche Konzepte von Gedächtnis: Ein einführender Überblick.* In: *Gedächtniskonzepte der Literaturwissenschaft. Theoretische Grundlegung und Anwendungsperspektiven.* Hg. Dies. Berlin: Walter de Gruyter, 2005. S. 1–10.

FREUD, Sigmund: *Studienausgabe Bd. II: Die Traumdeutung.* Frankfurt: S. Fischer Verlag, 1972. S. 242f.

FREUD, Sigmund: *Studienausgabe Bd. X: Bildende Kunst und Literatur.* Frankfurt: S. Fischer Verlag, 1972.

FREUD, Sigmund: *Entwurf einer Psychologie.* In: *Gesammelte Werke.* Nachtragsband 1885–1938. Frankfurt: Fischer, 1987.

FREUD, Sigmund: *Jenseits des Lustprinzips.* In *Gesammelte Werke.* 9. Aufl. Bd. 13. London: Imago, 1987.

FREUD, Sigmund/BREUER, Josef: *Studien über Hysterie.* 4. Aufl. Frankfurt: Fischer, 2000.

GENETTE, Gérard: *Nouveau discours du récit.* Paris: Editions du Seuil, 1983.

GENETTE, Gérard: *Die Erzählung.* München: Fink, 1994.

GRINBERG PLA, Valeria: „La memoria de los hijos de desaparecidos en el cine argentino contemporáneo: entre la subjetividad y la búsqueda de una identidad colectiva". In: *Contratiempos de la memoria en la literatura argentina.* Hg. Miguel Dalmaroni/Geraldine Rogers. La Plata: Universidad Nacional de La Plata, 2009. S. 261–304.

HALBSWACHS, Maurice: *Das kollektive Gedächtnis*. Stuttgart: Ferdinand Enke Verlag, 1967.

HENNINGSEN, Franziska: „Konkretistische Fusion, Agieren und Symbolisieren. Zum psychoanalytischen Prozeß bei schwerem frühkindlichen Trauma". In: *Psyche* 11 (2008). S. 1148–1169.

HIGGINS, Tory E.: „Achieving Shared Reality in the Communication Games: A Social Action that Creates Meaning." In: *Journal of Language and Social Psychology* 11 (1992). S. 107–131.

KAMINSKY, Amy: „Hacia un verbo queer". In: *Revista Iberoamericana* Bd. 74 (2008). S. 879–895.

KERNBERG, Otto: *Borderlinestörung und pathologischer Narzißmus*. Frankfurt am Main: Suhrkamp, 1978.

KESTENBERG, J.S.: „Neue Gedanken zur Transposition. Klinische, therapeutische und entwicklungsbedingte Betrachtungen". In: *Jahrbuch der Psychoanalyse. Beiträge zur Theorie und Praxis* 24 (1989). S. 163–189.

KUNZ, Marco: „Identitdad robada y agnórisis. De Nunca más al Quinteto de Buenos Aires de Vázquez Montalbán". In: *Violence politique et écriture de l'élucidation dans le bassin méditerranéen*. Grenoble: Université Stendhal-Grenoble 3, 2002. S. 179–194.

LOCKE, John: *An Essay Concerning Humane Understanding*. Book II. Oxford: Oxford University Press, 1979.

MÜLLER-HOHAGEN, J.: „Seelische Weiterwirkungen aus der Zeit des Nationalsozialismus – zum Widerstreit der Loyalitäten". In: *Unverlierbare Zeit. Psychosoziale Spätfolgen des Nationalsozialismus bei Nachkommen von Opfern und Tätern*. Hg. K. Grünberg/J. Straub. Tübingen: Edition discord, 2001. S. 83–118.

NEUMANN, Birgit: „Literatur, Erinnerung, Identität". In: *Gedächtniskonzepte der Literaturwissenschaft. Theoretische Grundlegung und Anwendungsperspektiven*. Hg. Astrid Erll/Ansgar Nünning. Berlin: Walter de Gruyter, 2005. S. 149–178.

NEUMANN, Birgit: „The Literary Representation of Memory". In: *Cultural Memory Studies*. Hg. Astrid Erll/Ansgar Nünning. Berlin: Walter de Gruyter, 2008. S. 333–343.

NIESSEN, Stefan: *Traum und Realität: ihre neuzeitliche Trennung*. Würzburg: Königshausen & Neumann, 1993.

NIETSCHE, Friedrich: *Unzeitgemäße Betrachtungen*. Neuafl. München: Goldmann, 1999.

NÜNNING, Ansgar: Von historischer Fiktion zu historiographischer Metafiktion. Bd. II. Trier: WVT, 1995.

NÜNNING, Ansgar: „Moving back and forward in time"; Zur Gleichzeitigkeit verschiedener Zeitstrukturen, Zeiterfahrungen und Zeitkonzeptionen im englischen Roman der Gegenwart". In: *Zeit und Roman: Zeiterfahrung im historischen Wandel und ästhetischer Paradigmenwandel vom sechzehnten Jahrhundert bis zur Postmoderne*. Hg. Martin Middeke. Würzburg: Königshausen & Neumann 2002. S. 395–419.

OLICK, Jeffrey K./VINITZKY-SEROUSSI, Vered/LEVY, Daniel (Hgg.): *The Collective Memory Reader*. Oxford: University Press, 2011.

PETERS, Henning: „Gattungsmuster als kulturelle Sinnstiftungsmodelle. Der Rückgriff auf die Tradition der Romanze in A.S. Byatts ‚Possession'" In: *Literatur Erinnerung Identität. Theoriekonzeptionen und Fallstudien*. Hg. Astrid Erll/Marion Gymnich/Ansgar Nünning. Trier: WVT, 2003. S. 3–28.

PORTELA, Edurne M.: „‚Como escritor, no me interesa tomar partido': Félix Bruzzone y la memoria anti-militante". In: *Contra corriente. Una revista de historia social y literatura de America Latina*. Bd. 7 (2010). S. 168–184.

RICŒUR, Paul: *Zeit und Erzählung*. Bd. 1. München: Fink, 2007.

RICŒUR, Paul: *Zeit und Erzählung*. Bd. 2. München: Fink, 2007.

RICŒUR, Paul: *Zeit und Erzählung*. Bd. 3. München: Fink, 2007.

SARLO, Beatriz: *Tiempo pasado. Cultura de la memoria y giro subjetivo. Una discusión*. Buenos Aires: Siglo XXI Editores Argentina, 2005.

SCHACTER, Daniel L.: *Searching for Memory. The Brain, the Mind, and the Past*. New York: Basic Books, 1996.

SIFUENTES-JÁUREGUI, Ben: *Transvestism, Masculinity, and Latin American Literature: Genders Share Flesh*. New York [u.a.]: Palgrave, 2002.

SPILLER, Roland: „Memoria y olvido en la narrativa de Chile y Argentina". In: *Versants. Revue Suisse des Littératures Romanes* Bd. 52 (2006). S. 145–176.

SPILLER, Roland: „Memorias en movimiento: La transmisión generacional del saber de la vida en la narrativa argentina (1980–2004)". In: *Contratiempos de la memoria en la literatura argentina*. Hg. Miguel Dalmaroni/Geraldine Rogers. La Plata: Universidad Nacional de La Plata 2009. S. 121–152.

SPILLER, Roland: „Das Land am Ende der Welt und seine Schriftsteller. Autoren loten die Grenzen des Sagbaren aus: Die Erneuerung des Gedächtnisses aus dem Gedächtnis der Erneuerung." In: *Forschung Frankfurt* Bd. 28 (2010). S. 37–43.

SVEVO, Italo: *La Morte*. In: ders.: *Opera omnia* Bd. 3. Mailand: dall'Oglio, 1968 [Anfangszitat auf Seite S. 252].

TULVING, Endel: „Episodic vs. Semantic Memory". In: *The MIT Encyclopaedia of the Cognitive Sciences*. Hg. Robert A. Wilson/Frank C. Keil. Cambridge: MIT Press, 1999.

WELZER, Harald: *Das kommunikative Gedächtnis. Eine Theorie der Erinnerung*. München: C.H. Beck, 2002.

WODIANKA, Stephanie: „Zeit – Literatur – Gedächtnis". In: *Gedächtniskonzepte der Literaturwissenschaft. Theoretische Grundlegung und Anwendungsperspektiven*. Berlin: Walter de Gruyter, 2005. S. 179–202.